百读不厌的
经典故事

少年方志敏

张品成　著

长江文艺出版社

图书在版编目（CIP）数据

少年方志敏 / 张品成著. -- 武汉：长江文艺出版
社，2018.7（2024.1 重印）
（百读不厌的经典故事）
ISBN 978-7-5702-0125-9

Ⅰ. ①少… Ⅱ. ①张… Ⅲ. ①方志敏（1899-1935）
－生平事迹－青少年读物 Ⅳ. ①K827＝6

中国版本图书馆 CIP 数据核字（2018）第 006066 号

责任编辑：叶　露　　　　　　　　　责任校对：毛季慧
封面设计：笑笑生设计　　　　　　　责任印制：邱　莉　　胡丽平

出版：长江出版传媒　长江文艺出版社
地址：武汉市雄楚大街 268 号　　　　邮编：430070
发行：长江文艺出版社
电话：027—87679360
http://www.cjlap.com
印刷：湖北新华印务有限公司

开本：720 毫米×1020 毫米　　　1/16　印张：14.75　插页：15 页
版次：2018 年 7 月第 1 版　　　　2024 年 1 月第 4 次印刷
字数：165 千字

定价：29.00 元

目录

第一章　　　　　　　　　　　　　1

第二章　　　　　　　　　　　　　13

第三章　　　　　　　　　　　　　25

第四章　　　　　　　　　　　　　44

第五章　　　　　　　　　　　　　57

第六章　　　　　　　　　　　　　68

第七章　　　　　　　　　　　　　80

第八章　　　　　　　　　　　　　93

第九章　　　　　　　　　　　　　102

第十章　　　　　　　　　　　　　113

第十一章　　　　　　　　　　　　124

第十二章　　　　　　　　　　　136

第十三章　　　　　　　　　　　147

第十四章　　　　　　　　　　　158

第十五章　　　　　　　　　　　173

第十六章　　　　　　　　　　　184

第十七章　　　　　　　　　　　196

第十八章　　　　　　　　　　　208

第十九章　　　　　　　　　　　217

第一章

一、他们觉得那雁阵跟这个方家新降世的
子嗣一定有着某种神秘关联

那个黄昏一切都显得有些特别，空气里弥漫着一种尘土的浓烈气味，让人感觉有些粘连含糊。然后，特殊的还有风，草尖掠过的风却带着太多的嚣张，拂动着那池清水。风很大，却不带来半点凉意。这风就有点邪门了。

再后来，就是日头。

已是酉时，日头没了先前的张扬，但热气却没丝毫消减。暑热仿佛莲枝在水面摇曳着，然后向埂堤上漫去，漫成热浪向四下里拥走着。暑热里，碧青的荷叶蜷缩了渐萎的边缘，簇簇莲蓬竖挺着，让迟开的三两朵荷花显得更加张扬和妩媚。

暮色四合而至，伴随着那种声音。

那些声音持续从山那边传过来，是隐约的枪声炮声。

隔山正在过兵，这年头兵荒马乱的，这年头四下里不安宁，长毛造反。造反那还得了，官府举兵清剿，兵刃相见，交火得激烈，你来我往的。

方高耆还想着前两天的情形，大队的清兵从漆工镇经过，自古说兵匪一家那不为过，说是挨户搜长毛，干得多是浑水摸鱼、趁火打劫的勾当。过兵的湖塘村危机四伏，难说随时就有人闯入家来劫财掠物甚至杀人。一家人拖家带小躲到远在磨盘山脚下的仙湖村。他想，有三两天就好，三两天就安宁了。可那些枪炮声让他觉得胆战心惊。

女人没有感觉到这些，她躺在客居的那间土屋的木板床上，正为频起的阵痛所袭扰。肚腹里的这团骨肉，也挣扎得不是时候，早不来事晚不来事，就在这时女人肚腹里有了大动静。

她想，都是命。不是命是什么？他们都那么想。

布帘外，做丈夫的男人焦躁不安，他一脸张皇无措的神情，蹲趴在门槛的阴影处。

来得不是时候呀，一个乱世。他想。

女人听到木盆撞击床角的响声，然后是几个女人的嘀咕。有人跟她说你用力用力！女人拼尽全身的力气，终于大叫了一声，了结了那场折磨。

她听到有人说："是个男崽吧！噢，一个胖伢俚！"就觉得全身像一堆软泥一样，突然地软瘫了下去。

一脸疲惫的方高耆终于站了起来，嘴角咧绽出几分笑意推开了屋门，那时候，天空正飞过一队大雁。人们都看见了这些雁正以一种阵势往远处飞去。这么个季节竟然有雁？

人们昂头望着，他们眨巴着眼，他们有些迷惑，觉得那队雁阵是个幻觉。

"我看见一队大雁……"

"我也看见了……"

"你真看见了？"

"看见了看见了哩，你不是也看见的吗？"

"怪了？！"

"是怪！"

"还早哩……才七月……"

"早哩，是早了些。"

他们突然沉默了下来，天空西面角落里的那点红色渐渐消隐，正悄然被灰霾取代，暮天如铅，他们在铅一样的天空下沉默着，互相那么看了一眼，像被什么抽了一下猛然意识到一点什么，转身往屋里跑去。

他们抱起了那个婴儿，他们觉得那雁阵跟这个方家新降世的子嗣一定有着某种神秘关联。

按方家族谱他们给他取了个名叫方远正，可他们叫他正鹄，他们喜欢叫他正鹄。

古人云：鹄飞举万里，一飞翀昊苍。他们当然是这么个意思。他们很高兴，他们期望着。

好多年后，这个叫正鹄的人知道了这两句的由来，那是曹植的诗，他觉得那很好。

二、正鹄偷了父亲三百个铜板

正鹄偷了父亲三百个铜板，这在他一生中是第一次也是最后一次。正鹄不是手痒是心痒，他心里猫抓似的痒了好几天。常老先生的女婿张念诚要在烈桥开办学堂，正鹄是亲耳听常老先生说的。

常老先生做过两年正鹄的私塾，那天颠呀颠地颠到湖塘来了。

方高翥正坐在堂屋里打瞌睡，那是五月天气，阳光很好，斜斜地从天井射入，暖洋洋遮罩在方高翥的身上，那时候方高翥眯着眼苦思冥想的一副样子，其实不是苦思冥想，他是在作着盘算，他在心里算了一天的账。思前想后，寻思着才要开始的茶叶生意一定会有个好的收入。新茶今年看去很不错，族里人都看好茶叶生意，跃跃欲试。方高前说摆在脚边的钱不捡，蠢呀？方高前说国家的局势也不错。"中华民国"成立了，孙文当了大总统。改朝换代了，每次改朝换代之后都是国泰民安是盛世，是赚钱好机会，你不抢先手等人家把玉米棒子抠家里了你只有捡芝麻。

方高翥不懂国事，可是大家都看好这个好年景，他也就觉得很放心。方高翥觉得事情确实非同一般，所以高前家说做茶叶，方高翥就动了心，他筹了些钱，准备着过几天去杭州。这些天一直在盘算，其实算来算去他也算不清，生意就那样，盘算中一切都好，实际可能会有偏差，人算不如天算，可方高翥越是没把握越是盘算，越是盘算越没个把握。倒是把自己弄得累了疲了，暖阳一照瞌睡就涌了上来。

他不承想常老先生会来。那时候他正做着一个梦，梦有些含糊，是不好不坏的一个梦。后来就叫啄木鸟给吵醒了。啄木鸟在啄树。"笃笃笃……"那么的一阵响声弄醒了方高翥。

睁眼，却不是什么啄木鸟，是常老先生。

常老先生坐在那。常老先生举着那杆竹烟筒在石头上敲着。常老先生在抽烟，他大概觉得铜烟斗里烟垢太多，也许是等待得有些烦闷，常老先生举着那根烟杆专注地在天井边的石头上敲打着，那声音把方高翥弄醒了。

"哦呀！是常先生?!"

"是我是我!"

"你不喊一声,你看你……我以为我是在做梦……"

"我来多时了,我看你睡得香香……"

"我只打个盹,就打了个盹……"

"春日犯困……"

"就是就是……你找我有个什么事?"

常老先生往烟斗里塞着烟丝,然后举了火煤子在嘴边,猛吹一口,火煤子跳出一团烟焰来,老先生把火凑近烟斗,吸一口然后又吸一口。

"听说你四下里筹借钱?"常老先生不紧不慢地说。

方高翥有些慌神,他眼光胡乱地拽动了一下,"常老秀才……"他有些迟疑,语句里六神无主。

常老先生笑了笑。

"我想做点茶叶生意,我筹钱是为了这个……"方高翥说。

"噢噢。"

"欠老秀才的那几担谷,容方家再耽些日子?"

常老先生把烟筒放下了,他咧嘴笑了笑,这个老秀才总是一副笑容可掬的样子,"我不是为那事来的,那些谷子,你什么时候还都行。"

"噢噢……常老秀才总归有要紧事,不然这么老远的你来湖塘?"

"是大事……"

方高翥眨巴着眼,他想不出会有什么要紧事重要事非得这个老先生颠那么远的路亲自来。

常老先生往门外四下里看着,"正鹄呢?"

"去田里做活了。"

常老先生叹了口气。

"你看你叹气?"

常老先生闷头抽了一会烟,然后抬起头对方高翥说:"一块璞玉砌到牛棚的墙里。"

"你看你那么说？……"

"我说的没错，我从一开始就看出正鹄与其他孩子不一样。"

"就是凤凰生错了窝也得认，生在了鸡窝里他就那么个草鸡命……"

"我家念诚在烈桥老屋张家开办学堂……"

"哦哦。"

常老先生希望方高翥能搭上话，常先生来这就是为说那么一句，然后听到方高翥的一句话。

好吧好吧，正鹄就交给你们了。他想听的就是这句。

方高翥说了不止一句话，方高翥没说出那句常老先生想听的那句话。可方高翥似乎有很多话跟常老先生说。方高翥说："我想好了，也跟正鹄他几个叔伯都商量过了……我们议了几次……"

"待我这回出门跑趟茶叶生意回来，能赚得几个铜板，就送正鹄去漆工镇邵鼎商号当伙计，学一门生意手艺。"他说。

"我找人给他掐过八字，正鹄他适合做生意……"他说。

方高翥叨叨地说着，这些天，他一直得意于自己的计划，他想找个信得过的人说说，一直找不到个合适的人。他没想到常老先生来了。方高翥和这一带的人都很敬重这位老秀才，方高翥觉得该跟常老先生多说几句。

很快方高翥觉得不对劲，抬头，发现老秀才刚才站着的地方空无人影。方高翥愣了一下，觉得似梦非梦，他那么摇了摇头。

他儿子正鹄却不一样，正鹄点着头。

常老先生去了那片垅地，那是个开阔地方，很大的一片垅田。三三两两的农人在那犁田，几条牛勤勤恳恳，背负着犁铧翻开沉睡了一冬的田泥。一些八哥在不远的田埂上跳着飞着，在新鲜的泥土中寻找着吃食，竟有几只飞栖在了牛背上，很闲地四顾张望。春天里的小风夹扯着淡淡的花香，潮潮地漫过泥泞的田埂漫进那些农田，也浸润着常老先生的嗅觉。他往远处看去，他觉得赏心悦目。

很快，他看见他的那个学生。

那个叫正鹄的少年站在田埂边，专注于用一根草梗穿着什么。那条泥糊邋遢的腿有几道红红血水淌着，一直扯到脚踝地方。现在那个少年终于完成了那件事情，他用草梗穿了几只蚂蟥，然后插在田埂的软泥里，让这几只才吸了他血的家伙在日头下暴晒。他觉得有几分解恨，那时候，一些字词跳进了他的耳朵。

"我家念诚在烈桥老屋张家开办学堂……"

少年正鹄抬起头，就那么朝常老先生点了点头。他拈起了那根竹鞭，看了看那头仁立于泥田里的那头老牛，目光有些犹豫。

"你犁你的，我来只告诉你这事。"

正鹄又点了点头。

三天后，正鹄偷拿了父亲准备用于茶叶生意的三百铜板。

三、不让正鹄来学堂过错大矣

那个叫张念诚的男人坐在最显眼的地方。他三十七八的样子，在男人，这年纪正是时光最好的时候。张家老屋已被修葺一新，厅堂里安放着那只八仙桌和一些竹椅，厢房用松板隔着，透出那种浓烈的松香的气味。张念诚吸了吸鼻子，他觉得那种木头的清香和这个天气一样让他很是亢奋。阳光从天井的一角射入，照在他方正的脸上，让那张喜气洋洋的脸更加红光满面。改朝换代呀，不管怎么样，人生难得碰上这样的好时机。民国成立了，国家要复兴，张念诚苦读诗书，想的就是报效国家，想的就是功名。他一直觉得自己怀才不遇，他一直觉得自己生不逢时。他想，他应该是能做大事的，现在终于有了机会。

他去了趟省城，但事情并没有像他想象的那样，省城风平浪静，好像与先前并没有太大的区别，他当然没有能找到施展的去处。张念诚却没怎么灰心，他信命，他觉得有些事由不得自己，是时机未到。

他回来了，出现在村人面前时让人吓了一跳。

他把那条长辫剪了。他还跟他老丈人常老先生说你们也剪吧？他说民国了要实行三民主义时代不同了，他说我要废私塾办京学，他说我要点火。他老丈人常老先生吓一跳。哦哦点火？！他说不是真点火，是一种说法，我要把外界的清新东西带进来，国民革命就是要革除旧制立新制，民族民权民生。他还说了很多，把老丈人和许多人都说得云里雾里。

他慷慨激昂。

"我要做出轰轰烈烈的大事情。"他红光满面地说。

"这是个做大事情的好时代。"他说。

常老先生虽然不甚明白女婿所说的一切，但常老先生觉得他这个女婿敢想敢干，有新思想，年轻人有新思想就有生气生机。他觉得应该支持，他把那几个老秀才都说动了，叫他们来张家老屋办新学。老丈人的气度让张念诚喜出望外，他觉得可以施展自己的抱负了。

那时候他坐在张家老屋里，看见那棵老樟树下一个瘦小的身影晃了一下。他没在意，那会儿一只绿头苍蝇无休止地绕着他的周身飞，他内心有一种厌恶漫起。

他伸出手，敲了一下那八仙桌的一角，那厚重的声音就在他周边跳响了一声，竟然还有一点回响。

"咚!"竟然又响了一声?他诧异了,看去,才知道那声音不是来自桌角,是门,一个身影咚地像被人丢进门里。是个人,那人进门时绊了一跤跌进了门里。

进来的是正鹄,那个少年扶着门框,勾着腰,一口一口扯着长气,然后"咝咝"地倒吸了几口气。正鹄几乎是跑着来的,十几里山路他颠着跑着飞快就到了。

"哈,是你呀,我就知道你会来。"

正鹄想说什么没有说,那会儿他因走得急,张着大口直顾了喘,有话说不出。他歇了会,然后走到张念诚的跟前,取出怀里的那只布袋。

他把那三百枚铜板倒在那张八仙桌上。

"是你父亲叫你来的?"

少年点了点头。

但很快谎言就被戳穿了,有人闯了进来,进来的是方高翥。

方高翥看见儿子赶着牛从田里回来,他喊儿子吃饭,可儿子却草草扒了两口把碗撂下了。方高翥就觉得会有什么事情,他问正鹄:"你哪里不舒服?"

正鹄点着头。

"那你歇歇,你不要下田了,你屋里躺躺,我喊东屋你土婆来给你抓个脉。"

正鹄点着头。

方高翥真就往东屋那边走,猛地就想到什么,儿子早上还好好的,怎么说病就病了?他一拍脑壳,顿悟到一点什么,颠跑着往回赶。可到底迟了一步,他往儿子屋里去,正鹄真就不在了。他赶紧找出那只匣子,果然那藏钱的地方少了三百铜板。这个鬼打脑壳的孽子哟!他在心里喊了一声,拔脚就往烈桥赶。

方高矗拧住了儿子的耳朵。他下手很重，这也不能怪他，儿子太大胆了，儿子真就鬼打了脑壳。他像是要把正鹄的那只耳朵都拧成烂叶。偏就正鹄那耳朵真就像片烂叶子，正鹄不叫不嚷更不哭。方高矗往指尖运着力气，可正鹄眉不皱眼不眨。

张念诚一旁站着，他刚刚还沉浸在自己的境界和春天的惬意之中，突如其来的父子间的冲突让他有些猝不及防。儿子的态度和张念诚的沉默让方高矗觉得应该有进一步的举止，他抡起了那只粗大的胳膊，才要将张开了的五指刮在那张脸上，那只手叫人有力地捏住了。

"你住手!"

"我错了难道我错了?!"

"你住手!"

方高矗把手放下了，"你看他偷钱……一个崽不学好偷钱……"

"偷钱不该打?!"方高矗大张着嘴那么说。

张念诚脸挂着笑，他和和气气地看着那个男人。

"偷钱是该打，那你就交给他先生吧，由先生来训导。"

"什么?"

"我说让正鹄进我们学堂。"

"这不成……"

张念诚说你坐下你坐下，我们慢慢说这事。方高矗坐下了，他端着张念诚叫人送上的茶，心里还鼓着气，眼瞟下这又瞟下那。心想，坐下就坐下，急说慢说一回事，你张先生再能，这回谁对谁错是铁定了的，我不信你能把黑说成白。他终于抿了口茶，力图弄出一副从容镇定的样子。

"古人云，子不教，父之过。"张念诚说。

"就是就是!"

"他偷家里钱? 就是这些铜板?"张念诚指了桌上那些铜板说。

"就是就是!"

"正鹄偷钱是为个什么?"

"他说要进学堂。"

"就是为了进学堂,这就对了……"张念诚那么笑笑的,他不看方高翥,他往天井高处看。天井还真名副其实,蓝天像深不可测的井底,而一些匆匆而过的流云像漾动着的一汪汪的井水。

"你不让儿子进学堂这叫有教吗?你不让正鹄上学,正鹄自己拿了家里钱来求学有错?"他说。

"子不教,父之过,不让正鹄来学堂过错大矣……"他那么说。

方高翥歪着脑袋,他觉得脖子那硬直了,喉咙眼上堵了块石头,肚子里很多话都让那石头给卡住了。他想,这个张念诚真是不一样啊,明明正鹄偷钱竟然让他说成是我的错,黑的真说成白的了?

"我不是不让正鹄读书……我们方家的规矩,子弟只能读三年私塾,不能坏了规矩的呀。"方高翥说。

"可正鹄他不一样。"

"我没看出有什么不一样……"

"你不让正鹄读书,你想让他做什么?"

"我……"

"我知道,我家丈人跟我说了,你想送正鹄去漆工镇邵鼎商号当伙计,学一门生意手艺。"

"我看他学生意可以。"

像有一块什么抹布往张念诚脸上抹了一下,张念诚脸上的笑消失得无影无踪,张念诚脸黑得难看,像谁借了他的米谷还的是糠。

"你这个糊涂家伙,你家没钱吗?你睁着眼不识金银珠宝,你家这么好个宝贝你说你家没钱?……"

方高翥愕然。

"你让正鹄去做生意，就好比把大把的金银往茅坑里丢!"张念诚说。

"你不要那么看我……家无读书子，富贵从何来，一世的受穷的命，做生意有什么用? 正鹄不是那种做个小买卖的命，是做高官大富大贵的命。"

方高翥莫明其妙地摇了摇头。

"好了好了，你可以把那三百铜板拿回去，可你得把正鹄留下。"张念诚说。

"我决意要让正鹄在我这里搭学，你允是不允?"他说。

方高翥点了点头，他想，我不允又怎么样，看来你翁婿两个咬定了要我家正鹄读书。读就读吧，其实我哪忍心让儿子停学? 去商号去做伙计那是无奈。书中自有黄金屋，这谁不知道? 他看了看那三百枚铜板，想了想，伸过手将它们哗啦啦拢进自己的搭袋里。

张念诚的那种笑又到了脸上，他一边笑一边望着方高翥的那串动作，目光里有着一种难以言说的东西。方高翥走出门时朝张念诚拱手作了个揖，张念诚在太师椅上欠了欠身子，很快地抓过那只水烟壶。

事急哩你有心思在这看风景？管家想。

他想他该跟东家说句什么提个醒，可他话没说出来，张念诚倒先从口里跳出一句话来。

"那是正鹄吧，我怎么看着那个放牛的细伢俚像正鹄？"张念诚说。

管家想：就这事呀，我当什么事哩？"那是正鹄，没错。"他说。

第二章

一、你怎么想起去放牛？

张念诚很得意，正鹄很感激。

正鹄在那一刻，不，是那些日子里，一直觉得张念诚很伟大。他很敬佩张念诚，何止是敬佩，简直就是崇拜了。这个男人给这方圆数十里都带来一种清新的东西，一张口就是新词儿。他觉得那男人一举一动都满是自信，都有一种引人注目的东西。他觉得那男人打开了幕布的一角，让他隐约看到了一片虽很含糊却十分清新的世界。

正鹄应该感激张念诚的，可总拂不去张念诚看父亲时的那种目光。那天父亲离开张家老屋里正鹄注意到了父亲的背影，也注意到了烙在父亲脊背上的那个男人的目光。那种目光含有一种东西，正鹄说不上那是什么，他不喜欢那种东西。他说不上是不是因为这种目光还是因为别的，就又弄出一档事来。

张念诚抿着茶，天气还那么好。那一头，朗朗的读书声漫过来。

13

他半眯着眼，依然是心满意足的样子。

管家吴庆跑了来。管家为那些茶叶的事，张家要送了一船茶叶到金华，在码头还没起船就出了些问题。管家急急来找张念诚，说："非得你去，租船的东家说船要有别的用场，我看就是想加租金。"

张念诚觉得这事非同小可，加钱事小，误了时间事大，茶叶这东西就这样，隔一天都可能不一样的价。

张念诚和管家往城里赶，到村口小河边张念诚站住了，他往那边看，一边揉着眼，他像看见让他惊诧的什么。

管家吴庆往那边睃望，没看出有什么让人会惊奇的什么。那边一片好景致，青绿漫上了丘陵，一条小河弯曲了从远处绕来，河溪边草青树绿，桃花红李花白，更白的是大片的梨花。当然，田野里有更抢眼的色彩，那就是油菜花儿，乡间到这时候成片的油菜花就开了，一抹一抹的黄，远看近看都看出壮观来。黄色漫进眼里，柔柔的，伴了一种特有的气味，这让人心旷神怡。是不是这大片的油菜花吸引了东家的目光？管家那么想。

"今年油菜花开得好。"管家吴庆说。

张念诚没接他的话茬，管家吴庆看去，才发现张念诚目光没在那些油菜花上。管家顺了张念诚的目光看去，那儿有几个男崽在放牛。

放牛有什么看的？管家想。

事急哩，你有心思在这看风景？管家想。

他想他该跟东家说句什么提个醒，可他话没说出来，张念诚倒先从口里跳出一句话来。

"那是正鹄吧，我怎么看着那个放牛的细伢俚像正鹄？"张念诚说。

管家想：就这事呀，我当什么事哩？"那是正鹄，没错。"他说。

"呀！"

管家想这有什么呀？

张念诚就那会放弃了去城里的打算，"吴管家，船的事你去处理下了，该加钱你给人加就是。"

"东家?!"

"你把正鹄叫到我屋里来。"

管家吴庆没再说什么，他心里挂个大大的问号，不知道东家怎么突然改主意了。

张念诚依然那么个样子坐在太师椅上，他坐得很直，那种椅子让人坐去腰身自然就直了，那种椅子就是为这么个目的设计的。他一口口地抿茶，正鹄气喘吁吁地赶来时，他已经续了三回茶了。正鹄进门时，他觉得小腹胀胀的，但他没去解手，他想这种时候他不能去，他是个注重小节的人，师道尊严，他得跟正鹄谈完这事后再去。

正鹄说："校长你找我?"

张念诚点了点头："你看你跑出一头的汗。"

正鹄说："吴管家说你有急事找我。"

"嗯，是急事。"

正鹄就眼不眨眉不动地看着那个男人，男人又抿了一口茶，才慢条斯理地说出那句话。

"你去放牛?"

"你就为这事找我?"

"就为这事。"

正鹄觉得很奇怪，这算个什么急事，管家那语气像是天塌了，原来就这么个事呀！

"你怎么想起去放牛?"

怎么想起？正鹄不知道如何回答了，他在烈桥留了下来，他很开心，有书读在他是最最开心的事，但有时夜半醒来，他却有种说不上来的伤感，他想了想，什么事让他这样？就是张念诚看父亲时的那种目光，他很想留在烈桥读书，但不想是别人的恩赐。张家是财主，财主家看人时就是那种眼光。有钱人永远不把穷人当人看。他很崇拜张念诚，但却骨子里反感有钱人的那种骨子里根深蒂固的东西。读书是读书，放牛是放牛，那有什么？我又没误了读书？我觉得放牛开心我就去放了。再说我做活，我自己赚钱交学费，能顶几多是几多，顶不了的，我还想以后我还你哩。你问为什么？我真不好说。正鹄想。

"我……"正鹄结巴了一会，很快把话接上了，"我一边放牛一边看书，两不误的。"

张念诚挥了挥手，"好了，我知道你想什么，你是想我做活，我自己赚钱交学费，能顶几多是几多，等以后我还你。"

正鹄吓了一跳，他不明白张念诚怎么把他心思看得那么明白。

"你不必去放牛了……"张念诚说。

"你是读书人，你能读书出名堂，读了书你以后为官为宦，你这么个细伢俚去放牛去做农活那把自己放在什么个人里去了？"

正鹄没吭声，他对那男人的话不甚明白，放牛做农活把自己放什么人里了？放在农民堆里了，可放在农民堆里有个什么？很多年后他明白了，那就叫阶级。张念诚是想让他脱离那个阶级站到另一个阶级里。他没有站到另一个阶级里，多年以后，他坚定地站在工农一边与另一个对立的阶级斗争着。那是以后的事，当时正鹄还不明白什么叫阶级，他只模糊地感觉到张念诚的话有些含糊。正是这样，正鹄没点头，他看了看那男人，然后离开了那地方。

第二天，正鹄下了课还是夹了本书去了牛棚。有人告诉了管家，管家拦住了正鹄。

"东家有过话，不能让你去放牛。"

"我得去。"

"你看你，东家说过的……"

"先生让我读书，我知道，我一边放牛一边读书，两不误，为什么我不能去？"

管家也回答不出为什么，但他从昨天张念诚的眼神里知道这事很重要。他拦不住正鹄，急急地来到张家老屋。

他把这事告诉张念诚，张念诚听了凝思了很久，淡淡地说了一句，"我知道了。"

他想，他得听听常老先生的。他跟管家说："请常老先生到我这来。"可话才出口，他把转了身的管家吴庆叫住了，"我自己去吧。"他觉得不妥，常老先生是自己的岳父，怎么能让人家来这？我近来是怎么了？他对自己说。他把长衫整了整，戴上那顶礼帽走出门去。

二、他会是棵大树

常老先生和李调臣等四人都被张念诚请了来。四个人是这一带的读书人，乡间自古就有许多立志苦读以求功名的人，可不是每个人都能有机会鲤鱼跃龙门谋得仕途，他们不甘心，可不甘心又能怎么样？在乡间只有教书一条路。他们很愿意看见自己未能实现的东西在学生手里实现。他们就是那么想的，一直任劳任怨做着这营生。

常老先生总要练一会太极，然后他画画，他就这么个爱好，这雅兴让他和这一带的人不同，甚至与他的女婿张念诚也不一样。是那种真正的儒雅，一点不做作。常老先生有主意，四乡八邻的有个什么事拿不定主意，常请常先生决断。常先生说你这墙朝向不是太好，坏风水。人家就把墙改了；常先生说令堂的坟头该加高五寸，人家真就把坟头加高了五寸；甚至人家儿子起个什么名，田里种个什么作物，屋里要添置个什么家什……有时也会叫常老先生拿主意。以至于到后来对常老先生的话听到风就是雨，常老先生的话像是金口玉言，才张嘴就让听的人揪着一颗心。

张念诚就找到他岳父了，他把这事说给岳父听。

"不能由了这个伢俚这么做。"张念诚说。

常老先生不说话，常老先生在想事。

"人家还以为我办新学就是弄了人来做短工。"张念诚说。

"这细伢俚，这细伢俚怎么能去放牛？"张念诚说。

"就是想把他从那堆泥腿子里弄出来，就是想他与众不同，他去放牛？"他说。

"烂泥糊不上墙吗？我就不信他真是烂泥糊不上墙？"他说。

他瞅一眼老岳父，老岳父听进了他每个字，可常老先生像是不急，常老先生一口一口抽烟。

"我知道那细伢俚的心思，他不想平白得人好处受人恩惠。"张念诚说。

"你不能说他做得不对，他那么做也是在理。人得有骨气，这细伢俚有骨气……"他说。

"可我担心……"张念诚苦着一张脸说。

老岳父咳了一声，常老先生说话了。

"我早就想跟你说个事，看来现在得说了。"常老先生说。

"呀，你说就是，跟晚辈有什么尽管教诲。"

"那正鹄不是一般的人，将来是有雄才大略的角色，国家栋梁。"

"你算他八字了？你掐了算了？"

"看你说的，这要掐算的吗？我教了他几年学，他那天资我知根知底，那不说百年难遇万里挑一，也该是省邑之域百年才能出的一个超众之才的吧。"常老先生说。

张念诚想，这我知道的，我不知道我费神劳力地请他来这搭学？少收了钱不说还得遭人指戳非议。我说的是另一桩事，我知道他是人才才不想他去放牛什么的。

"人才就是人才，小小年纪骨气不一般，这是好事。"

"嗯?!"

"古来枭雄多铮铮傲骨，言行皆与常人迥异……"常老先生说。

"我看正鹄他没有错，他是能成就大事的人。"老秀才这么说。

张念诚有些失望，谁说错了？谁那么说了？只是不能让他糟蹋了自己，正是因为他非同一般我才不想让他做一般人做的事。他想。

你这老家伙真是老糊涂了，我跟你说了半天弄了个鸡同鸭讲呀。他想。

张念诚不敢把想的话说出来，毕竟是他岳父，他小心地坐在那，不让脸上现出内心思想的痕迹，弄出一副恭敬模样听着常老先生的每一个字。

"他会是棵大树，古人说大树底下好乘凉……"常老先生说。

"人要有远见，有远见卓识者才能根牢基固。"常老先生说。

张念诚好像听出点名堂，张念诚觉得老岳父到底没离开那个题，是自己自以为是了。

很快他就证实了自己的猜测，常老先生把意思彻底说了出来。常老先生说得很认真，张念诚也听得很认真。

张念诚想，到底姜是老的辣呀，原来老家伙想的是这个？一箭双雕甚至一箭三雕。高哇妙哇，一举而多得。张念诚恍然而大悟，感叹老丈人想得深远。

张念诚的眼放着亮，他鸡啄米一样不住地点着头。

三、读书人为什么就不能把自己放在农人堆里？

葛望文和正鹄同年同月生人，是地地道道的同庚了。他长着一副小脸，眼睛却大，眼睛里像放了萤石，眨巴着放出亮光来。他也和正鹄一样，想读书，而且会读书。自古来好像大都是这么个事，会读书的人都想读书，或者想读书的人都会读书。

葛家是张家的佃户，在村里是赤贫，哪上得起学？张念诚办新学，学了大地方的花样说是要普及教育，教育无高低富贵之分，天下孩子均有书读。教育是全民之教育……他说烈桥只要是愿意读书的细伢俚都可以到学堂来读书。

葛望文他们不相信，谁敢相信，读书是有钱人家伢崽的事，至少也是能饱肚人家的事，家里吃了上顿愁下顿，上无瓦下无粮穷得叮当响人家伢崽想读书？开学的那天，葛望文和几个"穷苦"在老屋子门前伸长脖颈老远地张望。张念诚过来了，几个孩子慌神了要跑，被张念诚叫住了。

"哎哎！想读书？"

几个细伢俚都齐齐摇头，穷人家读书是做梦也不敢想的事。可只有葛望文点头。

张念诚说："好！"

张念诚把那几个细伢俚都叫到了大屋子里，叫人把那几张条凳摆了，"好好……坐下。"

他只说着好，几个细伢俚云里雾里，老爷叫坐下也只有坐下了。能不坐吗？田都是老爷的，人也是老爷的，老爷说什么是什么。他们爷娘就是那么教他们的。他们也一直是那么做的，他们习惯了。

张念诚说："好！好！你们应该读书，你们可以在这读书了。"

他们就真的坐在了大屋子里，葛望文聪慧，读书有悟性，而且很认真。就这么葛望文三两天就进入了角色，是个地道的读书郎。物以类聚，人以群分，正鹄那时正缺朋友，葛望文就成了正鹄的好朋友。他觉得葛望文和他一样，一定会读出名堂。

可很快正鹄发现了他们不一样的地方。

葛望文上课老打不起精神来，到后来还总打瞌睡，几个老先生并不打他的手心，几个老先生只是叹气。正鹄觉得很奇怪，他问葛望文，可葛望文不说。没几天，葛望文和那几个索性就不到老屋子里来了。

"他们哪去了？他们怎么不来了？"正鹄问常老先生，常老先生不说话，只摇头。

他又问张念诚，张念诚说："他爷把他拉走了。"

很快，他就知道了缘由，葛望文他们要做活，那些孩子，他们不做活就没有那口饭吃。家里少个劳力就少了收入。葛望文清早黄昏要给张念诚家放牛，晚上在碓房里春米磨豆腐。

那天，正鹄在河滩上找到葛望文，葛望文也朝他摇着头，眼里那光亮黯淡了许多。

正鹄说："我给你放牛吧，我们一起做。"

"我自己能做，我不需要谁帮忙。"

"我不是帮你，我一直想在张家找份活做，我手痒痒……"

"我不信，有书读谁做这些苦活？"

正鹄确实是那么想，他说不清为什么这样。是想和葛望文做个伴？还是张念诚让他搭学，没说学钱的事，他不愿意欠张家这点人情以劳力冲抵？还是纯属分摊葛望文一些负担，让这个小伙伴有更多的精力读书？还是……他说不清。

正鹄就跟葛望文去放牛。后来就有了张念诚跟他谈话的那场事，那场谈话并没有说服正鹄。读书人为什么就不能把自己放在农人堆里？他想不清，想不清他依然去放牛。再说，张念诚那话也说服不了自己，让葛望文进学堂，那他不也是读书人了，为什么要他去放牛？

四、一举多得

正鹄看见一顶轿子从山丘那头现身，颠颠地跃过那座石桥，往张家老屋里颠去。他有些纳闷，就多看了两眼，但还是看不出个什么。那是张念诚的轿子，可张念诚一直在老屋里没出去，常老先生也在烈桥待着。那轿子里坐着的还会是谁？

轿子在老屋大门前停了下来，远远地正鹄看见轿帘掀了开来，正鹄愣了一下，走出的那人像是父亲。

他想这不可能，父亲坐上张家的大轿了？我看走了眼。

很快管家吴庆赶了来："正鹄正鹄，你爷来了。"

"我爷是坐张家大轿来的？"

"你看见了呀？！你看见了你窝在这不动，是你爷来了呀？"

"我看见了，可……那真是我爷？"

管家吴庆说："天吔！你看见的呀？不是你爷是哪个？"

"我爷怎么来了？"

"东家叫你去哩，去了你就知道了。"

正鹄被管家吴庆扯了飞快往大屋子里跑，他心里有几个大大问号，爹怎么突然就来了？爹还坐上张家的大轿？

有什么重要事情，一定有什么重要事情。他想。

很快他就明白了，是有大事。

堂屋被人布置一新，神龛上还燃香烧烛，父亲还有常老先生张念诚都身着新衣坐在那，表情很那个。屋里还坐着村里的几个族老，衣着光鲜。正鹄进门时，他们正热烈地说着什么事，见着正鹄，突然都息了声，目光像些绳儿，都往正鹄身上牵。牵牵就都乍然而笑。

正鹄愣了下，但很快镇定下来，他喊了一声爹，那声音不大不小刚刚合适。正鹄没注意不远处的张念诚眼睛一亮，这个男人总能捕捉和感觉到每个人的某些细节。他觉得正鹄真不简单，小小年纪竟然懂处置场面上的大事小事，能显出镇定和老练。那声招呼声音恰到好处。声小了，表示不出恭敬和孝心甚至可能方高翥听不到；声大了，这么多长辈在此高声亮嗓的显不出斯文气度。

方高翥应了一声。

常老先生一脸的笑，那几位老者都一脸的笑。

正鹄很礼貌地站在墙根处："各位前辈……"

方高翥过来牵住了正鹄的手："来来，正鹄你来……"

方高翥一直把正鹄拉到张念诚跟前："你跪下！你给张先生磕头！"

正鹄看看父亲，他一脸的疑惑，我做错什么了吗？

"你跪下！"

正鹄看看常老先生还有周边的那些长者，他没跪，他站得很直。

族里一长者说话了："崽呀，你福分哩，张念诚要认你作义子。"

正鹄心里亮了一下，他没想到会是这事，他一点准备也没有，他不知道怎么突然的就会被人认作义子，难怪父亲被大轿请了来。管它哩，这是好事。他想。他觉得这很好，他很崇敬张念诚，有这么个义父总不是坏事，何况以后张念诚就不会用那么种目光看父亲了。还有一个很重要的原因，张念诚有很多书，正鹄一直想跟他借，可觉得有些说不出口，读书人爱书，惜书如命，正鹄一直不好意思开口。这回做了义子，那些书就名正言顺地能读了。这事还真有些意思，人家正儿八经地要认个义子，可正鹄满脑子想的就是那些书。

正鹄跪了下来，按当地的规矩跟义父张念诚磕了几个响头。

张家摆了十几桌酒，张家把这事当作大事喜事在村里摆了酒。张念诚那天多喝了些，但没有醉，也没多说话，只是心上不住地翻腾着喜悦。一举多得一举多得，他心里颠来倒去都想着这四个字。他觉得有高兴的理由：其一，正鹄聪慧大气，谁见了都说这伢俚不同凡响，肯定能有出息，不是一般的出息，是做大事的人。正鹄要真能有个宏图伟业，一人腾达鸡犬升天，张家有这么棵大树这么个背景谁还敢小视？其二，成义子了那就会有规矩，这么个倔强的正鹄，小小年纪什么都好，就是不规矩，有些事你得让他守规矩；其三，是张家义子了，在张家老屋学堂里读书就不叫搭学了那是名正言顺，他还会去放牛？何况正鹄是少爷了，少爷有少爷的身份，这点正鹄一定知道。他不会再去放牛了。

第三章

一、他心上压着石头

很快，张念诚发现他想错了。到黄昏时候，溪滩边依然见正鸪在那些放牛细伢崽中间。那些日子天气总让人心旷神怡，秋里的风，夹杂着那种田野里作物成熟的清香，清爽而干燥，让人感觉到富足和暖意。这是一年最富态的季节，河岸边青蛙在作最后的一些踊跳，然后准备着蜷入泥里作整个冬天的休眠。牛似乎对将要到来的寒冷冬天并不太在意，三三两两地现身河滩边，依然从容惬意地品尝着这个年份里的最后的一点青色滋味，专心致志聚精会神，只偶然甩动着尾巴，有时不经意地甩出一些粪便，随同了那些落叶掉在草棵里。那些牛粪拱涌着热气，在阳光下显得格外新鲜。那时候，管家吴庆就站在一摊黑褐色的牛粪旁，他朝那张望。河滩那边的老樟树下，正鸪和几个细伢俚在树荫下隐约显现。

管家吴庆火急火燎地去了大屋子，管家吴庆说："他又去了吧?!

这伢崽……"

张念诚往那边看了一眼，眉头皱了起来。他想他还得认真跟正鹄谈一回。他对吴庆说："随他吧，这事你就别管了。"

正鹄确实也曾想过不再去放牛了，他心理上顺了些，一个十三岁的伢崽，很容易就将心上那些乱乱糟糟的什么理个平顺的。他跟张念诚说了一句话，他没想到张念诚会很坚决地拒绝。

晚饭的时候张念诚跟正鹄说："你现在算得上是张家的人了。"说完这句以后张念诚有些后悔，可他又想，不这么说他怎么说？

"噢噢。"

"我先父是这一带有名的举人。"他想就这么把话题进行下去吧。

"噢噢。"

"你看你光会噢。"

"我不知道你要跟我说什么。"

"我是说你不应该去放牛也没必要去放牛……"

"我为什么不可以去放牛？我没误了读书，我把帖临了，我把背诵的文章都背了，不信你问常先生。"

张念诚无话可说了，他觉得再说下去可能自己要黑脸，他不想跟正鹄黑脸，他想他得心平气和地跟正鹄说话，永远这么副笑笑的模样跟正鹄说话。他想他得有个气度，做义父也应该是个仁慈宽厚的义父，何况是做正鹄这伢崽的义父，更应该显得深沉镇定。再说正鹄说得很在理，该做的他都做完了，做完了正事其他时间应该是伢崽自己的，自己的时间自己支配。自由民主，连这也谈不上，那还谈什么新思想？张念诚真有点担心正鹄往这方面去扯。

但他还是跟正鹄黑了脸。

正鹄说："我不去放牛了，但得答应我个事。"

张念诚愣了一下，他想不起正鹄要提说个什么事："你说你说。"

"那让望文也不去放牛。"

"什么?!"

"你说过的,你和常先生都说过望文是个会读书的伢崽。"

"那你让他去放牛?"

张念诚没有说话。第二天正鹄果然看见葛望文坐回了学堂里,他很高兴,他觉得自己又回到先前的日子里,但很快他发现葛望文再也回不到先前的日子里了。

葛望文是张念诚家的佃户,前几年因天灾欠下张家的田租,欠下高利贷,结果几年来利滚利滚出个大数目,葛家是还不上这笔钱了。不光如此,葛望文家还祸不单行,葛望文的爷去山里采药,一只脚踩空了翻下岩来摔成了一团血糊软肉。有人说是意外,也有人说那男人是有意那么找个归宿的。爷死后,娘就改嫁了,后来,张念诚就收留了葛望文,明眼的村人都说那是拿葛望文去张家抵债。

葛望文成了张家的小长工,他放牛,有时候就会来学堂门口站站,常老先生就招呼葛望文进来一起习文练字。谁也没想到葛望文读书过目不忘,谁也没想到他能把字写得稳当端正……

不错,现在葛望文人是回来了,但那颗心却总像收不拢,因为他再也不像从前了。从前葛望文读两遍书就能背个烂熟,现在读了,当时还记得一二,背身就忘了个精光;过去葛望文能端坐着写着字,不烦不厌,字写得端端正正,直叫常老先生啧啧称赞,"一笔好字呀!"这么几个字常从常老先生嘴里跳出来,现在是人能坐正字却难再写正,常老先生说是心乱的缘故呀;过去葛望文是两眼光亮有神,现在葛望文坐不住听不进心事重重的样子,脸灰邋邋双目混混。

正鹄觉得很纳闷,他问葛望文,葛望文不说,只摇头。

散了学,正鹄把葛望文拉到河滩边。

"望文,你怎么回事吧?"

葛望文说："我心上压着一块大石头，我不知道哪天能掀得了这块石头，让我有心思读书？"

是葛家欠张家的那笔债。正鹄一直不知道葛家欠下张家那么一大笔债，父债子还，那笔债像一座山一样压在小小年纪的葛望文身上，他哪能安下心来读书？

正鹄又站在了张念诚的面前，他跟张念诚深深作了个揖，很那么地喊了一声爹。张念诚眉头跳了一下，他觉出怪异来，正鹄似乎从来没这么恭敬对自己，这回一定有什么要紧事情。他笑着，笑得很和蔼亲善。你说你说，伲崽吧一家人你看你还跟我客套，有什么话不能直爽地说出来的吗？

"那我就说了喔？"

"你说你说。"

"朝爷①要答应我！"

"你说你说！"

正鹄把事情说了出来。他很激动，他话像流水，清亮亮地淌了出来。

"望文是块好料！"正鹄说。

"常老先生也这么说的，是他说的。"他说。

张念诚说："我不是让他回学堂了的吗？我依了正鹄，我让他回了学堂。"

正鹄说："他得心回来。"

"噢噢？！"

"他心上压着石头。"

"他心上压石头是他自己的事旁人帮得了？"

---

① 朝爷：指义父。

只有正鹄有时候会蹲在那看顾其恒画画,那些伢崽开始也满是新鲜,齐齐围在了顾其恒的身边,但不久就觉得没了兴趣。

"朝爷你帮得了。"

"我倒要听听你的主意。"

正鹄把心底的那些话全盘端了出来，就那会张念诚的脸黑了，他嘴里坚决响亮地跳出那两个字："不行!"他挥了一下手，那动作足够显示出他不容置辩的决心。

那时候的一些激进的乡绅，不是那时候，从古至今，直到正鹄作为烈士牺牲以后的许多年都是如此，这些有钱人往往能接受些新事物新思想，且常常比其他人更激进更革命，也许革命或者改革的初期会给他们带去相关的利益，但随之深入之后，一旦触及他们的利益，那个底线却是无法逾越的，随之而来的却是一种反动。而且即使一些热衷于新生事物的社会精英，往往会在变革的大潮中为名利所诱惑动心，为财富所腐化变节。很多年以后正鹄明白了这一点，在他亲身经历中感受到了这一点。那时候正鹄已经不叫正鹄，他已经改名方志敏，和他的义父，也可以说是他的进步思想最早期的启蒙者张念诚决裂。而张念诚从最初的新思潮的领路人，一变而成为革命的对立面，愈加地反动，成为方志敏与之斗争的第一人。

"张家又不缺这个钱的，葛家的债朝爷你就挂在那吧。"

张念诚眉头跳了几跳，正鹄这话让他意外而震怒，他喝了一口茶，让自己平静了些。他想，他不能失身份，更不能失态。

"不是钱的事。"他说。

"那是什么的事?"

"是规矩的事。"

"那你剪辫子?"

"什么?!"

"我说你剪辫子。"

"这是两回事。"

"辫子也是前朝的规矩，办私学不也是前朝的规矩？……朝爷你不都砸了改了？"

张念诚努力地使自己显出平静和宽厚，他要让正鹄感觉到自己身上的那些东西，一种叫威望的东西。他知道对于他面前的这个义子来说，这两个字很重要。他从容地拈起烟具，往里面塞着烟丝，然后点了，吸了几口。他看着从自己鼻腔里缓缓而出的烟轻轻腾起，在天井的下方形成一团含糊图案，直到从天井上方消失。他这才伸出手抚了抚正鹄的后脑。

"你现在还小，你还弄不明白……"他有些语重心长的样子那么说。

"再过些年你就会清楚的……改朝换代古而有之，欠债还钱也天经地义，你听说过欠了债不还的？"他说。

正鹄心里灰灰的。

"这还不只是债不债的事，我可以赊了葛家的债，可祠堂里不会答应……"张念诚说。

"那些富户会怎么看？念诚带头赊免，岂不是鼓动债户们欠债不还？这还了得？"他说。

"那债户们会怎么看？大家都不把债当个事这世道就乱了……"他说。

"天下还得有个贫富等级的，这是人伦……"张念诚这么说。

正鹄眨眉眨眼地看着他义父，他一副迷惘的样子。

正鹄看出义父的坚决态度，他离开了大屋子，依然出现在放牛的细伢俚一伙中间。

大屋子的小木窗里常常出现那两只眼睛，是张念诚的双眼。他看着河滩边上正鹄的身影，有时会莫名地摇摇头。

随他去吧，也许不久他就不会再混在那些农人和山民中了。他这么想。

显然他想错了，许多年以后，正鹄真正地处身在了农民之中，他成了那些泥腿子的首领，那些日子里正是这个正鹄，成了这一带农民打碎阶级枷锁的倡导者和发起者。

二、城里来的后生

有些事情张念诚是无法阻止的，就像他所处的这个时代，一种潜在的洪流就在他的身边拱涌。那时候张念诚是个参与者，他感觉到了，并投入其间，但其中真正的局势，张念诚并没有看得太清楚。更没有想到其后的发展，他一直在平稳的感觉里度过他的那些日子。

那个季节总是阴晴不定，日头成了一只困倦的婆娘，似乎数月也难得见到她的嘴脸，明媚的日子越来越少，但张念诚无所谓，他常常一个人坐在老屋子里那张太师椅上，读着诗书和省城弄来的报纸。屋外若有若无的阴霾他视而不见，或者说就是看见了也并不觉得会影响到他的什么，他觉得日子永远安逸无忧。

学堂的教学一直在持续着，朗朗的读书声从那几间大屋子里应时迸发，几位老先生也常常眉开眼笑，看得出对于他们的学生，他们很是满意，他们已经适应这种新的学堂。对于张念诚从城里请来的那位年轻后生和他带来的那些五花八门的洋学问也早已没有了敌意，停止了那些细琐的指点，常常会停下步子和那后生聊几句天气呀什么的。后生的笑永远那么的含蓄和平和。

正鹄他们叫他顾先生。

后生名叫顾其恒，他有一头油亮的头发和一双总是微笑着的眼睛，他更有一双巧手，能画出好看的画来，也能抓捏出各种各样的物器。他喜欢穿一身洋装，有时甚至戴上一条领带，他穿衣服很讲究，不肯让一星污垢和皱折出现在他的身上。

正鹄他们在河滩边放牛时，顾其恒就在那地方画画，顾其恒喜欢画画捏泥，天气好的时候，他就夹着画板来到河滩，他说那叫写生，他坐在草地上凝视某个地方许久，然后用一支铅笔往纸上涂抹，旁若无人。他神情专注的模样让人想起某种疾病，而乡间农人对此有坚定不移的说法，他们说那后生中了邪气。

只有正鹄有时候会蹲在那看顾其恒画画，那些伢崽开始也满是新鲜，齐齐围在了顾其恒的身边，但不久就觉得没了兴趣。也许他们觉得顾其恒太严肃，他画画时总是铁着一张脸，也许他们觉得那画没什么看头，你耗着时间画画，应该画出点什么奇异新鲜来才是，应该像镇上胡匠师画出个人物花鸟故事什么的才是，可没有，眼前的风景比你画上的要漂亮十倍百倍，你说那有个什么看头？不如看风景的好。再说你老画些没名堂的东西，半天让人看不懂。他们就是那么想的，所以他们没了兴趣。

当然也许禁忌来自他们的家人，这也很难说。

可正鹄看，每一回顾其恒总要在风景的某处加上一些东西，这一天是一座尖顶的洋楼。正鹄很好奇，正鹄说话了，奇怪的是顾其恒总愿意跟正鹄说话。也许正鹄说话会挑时间，他总是在顾其恒画作完成时和说，他不像那些人雀噪不休且扯些没边际没油盐的闲事。

正鹄问顾其恒："先生，那是什么？"

"教堂。"

"教堂？"

"信徒做礼拜的地方。"

正鹄知道教堂，县里就有一处教堂。正鹄没去过那地方，但听人说过，乡间人说那是洋人的庙。所以正鹄并不是稀奇那洋屋子，正鹄是奇怪顾其恒怎么会在那些地方画上教堂。

"我就想每个地方都有座教堂。"

"哦哦。"

"让人们相信主的存在。"

"你说过主造就了一切，主也能安排一切，你是不是想让上帝拯救众生？"

顾其恒总是点头。

有时候顾其恒会在画面上画一些带翅膀的人。

"人会长翅膀？人长翅膀那才好。"正鹄说。

"那是天使。"

"哦哦！"

顾其恒就跟他讲了那些来自《圣经》的故事。正鹄就这么从这个在人看来有些怪异的年轻教师那知道了基督教及相关的知识。

阴雨天气顾其恒没法去野地里画画，他就在屋子里读书和捏泥。他读的书和别人的不一样，书页上满是洋文。那时候正鹄对顾其恒同样充满了崇敬，好多年后他考入了一所教会学校，那里的洋人教师对他的英文接受能力很是惊讶，而正鹄丝毫不觉得自己有什么过分的天才，他觉得那些豆芽一样卷曲在纸张之上的英文字母，在他早年就已真的像豆芽一样在他内心深处扎下了须根。

除了读书，顾其恒做的另一样事是捏泥巴，他总是从山后弄来那种红黄相间的黏泥，然后筛去那些细小的石子。正鹄也愿意看着或者参与年轻男人做着那一切。筛去细小砂石的泥土像面粉一样，然后淋上合适的水，也像揉面一样地揉着，直到可以任人捏弄时为止。

顾其恒捏的是些怪异的大房子，还有各种机器，轮船和火车汽车……他把那些东西摆满了自己的小屋。这一切对于正鹄来说充满了新奇。正鹄很喜欢去顾其恒的屋子里，他觉得那些东西真是别致且充满韵味。他尤其喜欢顾其恒捏的那些工厂，他从没看过那么样的房子和机器。村人对那年轻人在那屋子里所做的一切充满了不屑，他们觉得那个怪异的年轻人是中了邪魔，鬼打了脑壳。

"你喜欢!"顾其恒对正鹄说。

"嗯嗯。"

"以后我们的国家就是这么个样子。"

"你去过那些地方?"

"我没去过，我是从报上读了然后按报上说的那么做出来的……再说报上常常有照片和图片的……"

顾其恒订有一份《泰晤士报》，虽然这份报到了订户手里已经隔月，但顾其恒却一直订着。正鹄抓过桌上的那张报看着。他看不懂那些洋文，但那些照片吸引他的目光。很多年以后，正鹄也开始订阅这份叫《泰晤士报》的报纸。

"你说我们国家也会是这个样子?"正鹄指着报上登出的一张照片说道。

"是的，一定会是这个样子。"顾其恒说起这个脸上就笑了起来，他笑起来很好看，只是他很少向人展示这种笑脸。

"你喜欢我们国家变成这么个样子吗?"他来了兴趣，他很愿意跟人说起这些，他曾经跟张念诚探讨，可那个男人虽然赞赏顾其恒的知识，但对于他所描绘的国家却不以为然，以为年轻人过于天真了些，甚至觉得顾其恒是不是真像村人说的那样脑子有什么毛病。贫富怎么可能均等? 没有了财主和贫佣之分没有高下之分那成何体统? ……只有正鹄愿意静静地听他描述，也似乎很相信他所说的那一切。所以顾其恒只愿意跟正鹄谈论这一切。

"只有工业才能强国。"年轻的顾其恒常常用坚定的语气对更年轻的方正鹄说。

正鹄这种时候总是很认真地看着顾其恒，顾其恒喜欢正鹄的这种目光。

"国弱则被人欺，只有国家富强了我中华民族才能耸立于世界之高峰……"他说。

"强国之路在于振兴国家工业，船坚炮利，外虏自不敢小觑我族……"他说。

"复兴之路在于尔等呀，努力学习发愤图强……"他慷慨激昂地那么说。

他记得他的叔公是那么说的，叔公是汉冶萍公司的一位工程师，为强国而夜以继日辛勤工作，积劳成疾，临终前把那句话送给了顾其恒。这天，顾其恒却说给了正鹄，语气像个长辈，其实他并不比面前的这个细伢俚大上几岁。

顾其恒的话让正鹄听得热血沸腾，他想，要国家真能像顾先生描绘的那样，何其的好？要漆工镇能像报上那照片里看到的那样，高楼林立车水马龙一片繁华景象，那何其的好？好多年以后，这个少年选择了另一条救国之路，他觉得早年顾其恒的话和自己的那些想法有些不合国情，但却充满了激情，是第一步，那是重要的一步。

顾其恒也把这话跟村人说，但得到的回应却让他吃惊。

"那个城里来的后生是不是脑壳真的有病？"他们说。

三、这个男人不能走

话传到张念诚的耳里，他没当回事情。他继续留着顾其恒，不仅留他，甚至怕他有所动摇，受不了村人的那些眼光和指戳拂袖而去。他想，这个男人现在不能走，他脑子里的新东西应该让他留下些来，那是火种。他总是想方设法为顾其恒鼓劲，他不知是出于这种原因还是什么，人们总是看见张念诚和顾其恒在一起，有时是大屋子里，有时却是顾其恒的小屋里。

他们下棋，他们喝酒，更多的时候他们聊天。

有时候正鹄恰好在义父或者顾先生处，但另一方却适时地出现。很久以后正鹄回忆起这一切时，他敢肯定的是有一些"偶遇"纯属是张念诚的刻意安排。

中国最需要的是什么呢？

这是他们常常讨论的话题。张念诚似乎很想让正鹄听他们扯这个话题，虽然这么个话题对于正鹄来说似乎不太合适，这么个年龄的伢崽听不太懂其中的一些内容，但张念诚却一直说着这话题。

"废除了帝制，建立了民国，剩下的就是寻求迅速国富民强之路。"他们说。

"天下应该太平，世人应该放弃相互屠戮，国定则强，乱则败；民安则康，乱则祸……"他们说。

"国泰方能民安，民安则国愈强盛……"他们说。

"欲求西洋之工业则需有其技艺，有其技艺得先普及我大众，普及大众则先有先行之人……"

"教育为本呀……"他们这么说。

…………

他们扯着，扯的都是国家大事，正鹄还听不出个眉目来，只是感觉到他们说得似乎很有道理，也被他们那种情绪感染着。他们眉开眼笑地说着那一切，话语十分投机，无非是说民国建立了，天是民国的天了，地是民国的地，人也是民国的人。天下大同，帝制已经不存在了。现在国人都应该放下手里的刀枪齐心协力至国富民强，要做东方之巨人，要奋起于诸国之上。他们说要迅速富国强民得要教育，他们说得好投机，一谈起那一切，张念诚和那个年轻人就热血沸腾亢奋异常。他们说着说着就端起茶一饮而尽，他们不品茶了，以往他们都从容品茶，最忌的是牛饮。"那像个什么样子嘛!？喝茶要有喝茶的道道，要喝出一种风度风味来。"以往张念诚看见有人端了茶昂头往口里灌就会说上那么一句，可他聊得忘情时自己也那么个样子。他们聊得忘乎所以，会做出各种古怪出人意料的动作来。他们有时不住地捋头发，让人以为在那么个动作中能捋出许多的奇思妙想来；有时候他们还会不自觉地用手敲打着桌子，像哼歌子打节拍一样。他们的动作还有很多，他们先是一个人开始做着那个动作，但另一个很快就像被传染了一样跟着也做起了那个动作。

只有突然间张念诚意识到还有另外一个人在场时他才会陡然收起那个动作。

那时候，他会突然咳上那么两声，笑着，回过头跟正鹄扯两句别的，他担心冷落了正鹄，他担心正鹄听不懂烦了拍了屁股走人。

正鹄确实听不太懂，但他却不愿走。他听出了兴趣，他支着头，神情专注，眼不动眉不眨地，他显得很沉静。虽然表面看不出，其实他内心也很那个，就是人们常说的心潮起伏，他心里像一堆柴火，而张念诚和顾其恒的对话像火，将他心里那堆"柴火"点燃了。他们嘴里跳出的每个字都在正鹄心里跳着。也许不是那些话语，也许是他们说话的那种情绪，是那种情绪感染了正鹄。让正鹄激动不已，总有一种跃跃欲试的欲望。正鹄热切地想参入其间。当然，这不可能，在两个男人面前，他是义子和学生，他没有插话的身份。再说，就是有合适的身份他也不可能参与，他对他们所说的那些十分陌生，根本就插不上话来。他只是不住地往两个男人的杯里倒着茶水，他用这种方式介入他们的谈话中。

所以，张念诚的担心是多余的，他们的那些对话对于正鹄来说确实陌生有的甚至是深不可测，可那是一回事，但情绪上的感染却又是一回事。

他觉得世界上有三个很了不起的甚至称得上非常伟大的人。

另一个自然是常老秀才。

四、追风犹可到天涯

以正鹄的聪慧，似乎永远没法让几位老先生做出正确的判断。常老秀才记得四年前第一次见正鹄时的情形。是吴寄为带去见的。

那天铺下的吴寄为找到他。

"常先生你得帮我个忙。"

"我能帮你什么呀？"常老秀才不太喜欢这个同在这一带拿学俸的私塾先生。常老秀才不是那种心胸狭窄的人，对于这个做豆腐出身的同行，不是相轻排挤，更不是出于嫉妒，而是看不惯吴寄为的某些做法。你有多少谷就出多少糠，教书可不是件马虎得的事，弄不好那要误人子弟。可吴寄为不信，凭了半桶子水晃荡出十二分的响声来。常老先生看不惯的就是这个，平常里不愿意跟姓吴的来往。

他没想到吴寄为会找上门来要他帮个事，他想不出这种时候姓吴的会有什么事得他帮忙。

"我不做这营生了，我把先前那家豆腐店又弄起来了。"

"哦哦，那好，你早该这样。"常老秀才很吃惊，他想不起有什么会让顽固的吴寄为改主意，他劝过姓吴的那么多回他也没改主意，可这回怎么就做起老本行来了？

吴寄为说起他教的一个学生。

"你说的对，我不辞教那是误人子弟。"吴寄为说。

"我辞了，我不辞不行，你说的对，我教不了的。"他说。

"可有个学生你得收下。"他说。

常老先生就是那时第一次知道正鹄这么个人，吴寄为向他叨叨地说起正鹄。

"那个伢崽，天资聪颖天下少有，读书一年抵三年……"

"你说一年抵三年？"

"那是那是。"

常老秀才大瞪了眼，然后缓缓地合上，他从容地吸了一口烟，盯盯地看住对方说："你跟我胡说烂讲的吧？"

"看你常先生说的？我这么个大热天跑远路翻山越岭的到你这扯闲天胡说烂讲？"吴寄为有些急了。

"你看你这么想，你老先生这么想？"他说。

"你不信是吧，你不信我讲一千遍也没用。"他说。

常老秀才确实不信，搁谁谁也不会信，一目十行，出口成章，才多大一个细伢俚，十岁？读一年书当人家三年？读三年那不当人家九年？这可是天才，漆工镇自建镇来千年也没出这么个人物。漆工镇的风水就这么个样，人家说那边的一块山石压了龙脉，文武都难得出大人物的。也有人说还看风水吗？漆工镇漆工镇，那名就注定了这地方也就出几个好工匠而已。再说别说漆工镇，就是县里，千百年来也就出了个谢枋得。前无古人，难道真就后有来者了吗？常老秀才不信。

常先生说："我不信，一年当人家三年，谁信？"

"那眼见为实，那我们往湖塘走一转？"

他们真就往湖塘去了，那时候，正是腊月天气，冬里农闲，乡人正是串门走街的好时候。常老秀才和吴寄为晃晃就晃到湖塘了。村口几个老人认出了常老秀才，他们朝他作揖打拱手，高声亮气地打着招呼。

"哦，说曹操曹操就到了，常老先生你会掐算的吗？"

常老秀才一头的雾水。

湖口里的族老们，正将村里识文断字的人集中在村口，他们商议着要给村口的朝门拟一副对联，他们已经弄了三天了，研墨凝思，挽袖挥毫，已经写下数十副联句。

"你看你看，我们正要请老秀才来做个评判。"

常老秀才笑了，心想，也真是巧了，我先看看这些联句。他给一旁的吴寄为说："你歇歇，我先给他们看看。"

常老秀才拈一副看看，又拈一副看看……他慢慢地那么看着。村口那么些眼睛现在都盯看着常老秀才那张脸，他们想从那张脸上微微变化来判断常老先生的喜好，可老半天他们没看出什么。他们觉得事情有点那个，有人交头接耳的小声嘀咕，他们在悄悄商议出了一个结果，实在不行，就请常老秀才撰个联，其实他们早就想这么做的，可他们怕老先生婉拒。这回好了，这回常老秀才自己找上门来了，这回这么多的人他老先生能好意思婉拒？

可他们没想到常老秀才会拈着那副对联看了又看，然后眉眼舒展了开来。

"云龙搏浪飞三级，天马行空载五华。"常老秀才摇晃着脑壳拖长了嗓音吟诵着。

"好好！"他说。

他抬起头在众人身上扫了一眼，有板有眼地那么问道："这是谁写的对子？"

有人说了一个名字，好像是几个人同时说的。几个人同时说那三个字就有些含糊，常老秀才没听清。

吴寄为扯了他一下衣角，跟他说："是方正鹄。"

"哪个方正鹄？"

"就是我跟你说的那个伢崽！"

常老秀才说："就是这副对了，你们把它贴到朝门上了，我看这一带村里朝门上的对就这副最绝。"

常老秀才就这么知道了正鹄的名字，他也很快就见到了正鹄。

"伢崽，你过来。"常老秀才笑着，拍着正鹄的后脑。

"真想不到这对子出自你的手。"他说。

"他们说对得不好。"

"什么？……他们怎么说的？"

"他们说龙要对虎才工整……"

"为什么就要对虎？"

"他们说为什么就要对马？"

常老秀才眨了一会眼，说："就是呀，我也会问这问题，为什么就要对马了？"

"为什么不对虎，常人总是龙虎对，再说天生百兽，为什么就不对牛呀羊呀什么的呢？"常老秀才笑着，他一笑，眼眯成一条缝。

"我喜欢马！"

"向前敲瘦骨，犹自作铜声……"

"对对！"正鹄兴奋了起来

"何当金络脑，快走踏清秋……"

"啊！是呀是呀，是李贺的《马诗》，我也喜欢。"

常老秀才心花怒放。他就那么个人，这个老先生教了一世的书，也读了一世的书，曾经觉得自己才高八斗，但后来就有些灰了萎了，不是自己才学不逮，想想是没有伯乐，怀才不遇呀，致使自己一个可塑之材流落乡野。就指望了有人能承接他身上的所负，指望自己做一个伯乐慧眼识才，指望着能带出一个成大器的有大出息大成就的学生。可他一直不甚满意，他一直也没能遂愿。他想，这一世算是完了。二十年前他曾眼前一亮，二十年前他曾有过一点寄望，是那个张念诚，那个伢崽也曾让他充满希望，人精明机灵，人读书有天分。不然常老秀才怎么会把女儿许配与他？但那个男人却到底没能走出县邑，常老秀才觉得张念诚是生不逢时，先是兵荒马乱，再后又改朝换代……这么个时日，世事难料，还说什么功名前途？常老先生一直心灰灰的，所以他不太信吴寄为的话。

可眼见为实。他不能不正眼看着这个叫方正鹄的十岁细伢俚。一年当三年，看来吴寄为说的是真的，这可是一个神童，吴寄为多厚的一张脸皮，略通文墨就敢拿学塾俸薪，可也被这个伢崽镇住了，也在这个十岁的孩子面前感到了羞耻。

常老秀才伸过手去，他抚着正鹄的后脑，脸上那么笑着，"太一贡兮天马下，露赤汗兮沫流赭……"他颇具韵味地吟出这么两句。也许他是来了兴致，也许他是想再考考正鹄，他吟出这么一句诗，然后，双眼盯盯地看着正鹄。

正鹄也那么笑了笑，笑有些羞涩，这是汉武帝刘彻的《天马歌》是一首专门咏马的名篇，正鹄能不熟？"骋容与兮蹰万里，今安匹兮龙为友……"他把余下的那两句诗脱口而出，他也像常老秀才那样，吟咏得韵味十足。

他们很高兴，他们对上了，他们对着诗句，旁若无人。尤其常老秀才，突然的一股暖流溢满全身，突然的就有种飘飘欲仙的感觉，看来真像是命运的安排，他一直想做个伯乐，有一匹千里良驹被他发现赏识，现在眼前的这个十岁的孩子童就是呀，而且巧得很，竟然还是个喜欢马的？你说说。他依然半眯了眼，摇头晃脑地吟咏了起来："胡马大宛名，锋棱瘦骨成……"

正鹄就接："竹批双耳峻，风入四蹄轻……"

常老秀才吟："所向无空阔，真堪托死生……"

正鹄就接："骁腾有如此，万里可横行……"

他们把杜甫的《房兵曹胡马》吟诵了出来。常老秀才似乎不尽兴，他拈了那笔，在砚台里蘸上墨。人们都屏息静气，人们都看着他手里的笔。他们看见常老秀才挥动了几下笔，在凉亭下的那张桌上写了两句诗："蹀足绊中愤，摇头枥上嘶。"

人们拍着手，嘴里啧啧着，一笔好字呀，人们没有注意到那字里内容，那也是两句绝佳好诗，也是歌咏马的佳作，是曹植《白马篇》中的两句。只有正鹄知道，正鹄拍着巴掌，有人就盯看着正鹄，然后大家都盯看着正鹄。正鹄也拈起那笔，他也在纸上写下两句："此马若遂千里志，追风犹可到天涯。"

"绝绝！"常老秀才说。他当然知道那诗的出处，也是古人杨师道的两句诗，只是正鹄写出来，一举而三得，一是此诗也是写马的佳句，二则展示了自己的书法，三则也表达了自己的志向。

"好诗好字！"他说。

后来常老秀才很快又看到那种字迹。他去了正鹄的家，他见了正鹄的爷娘，还看到方正鹄屋里的那副对联，"心有三爱奇书骏马佳山水，园栽四物青松翠竹洁梅兰。"

这回他没有说什么，他跟吴寄为说："你说的对，这事我得来做……不是我帮你忙，是你帮了大忙了哟。"

吴寄为云里雾里，他脸上大大一个问号勾勾。

"我明天就来湖塘。"常老秀才说。

第四章

一、这不关祖坟的事

常老秀才的满腔热情，受过两次冷水的浇泼。第一次是常老秀才来湖塘私塾的第二年，那天，方高纛突然决定让正鸪罢学。

"怎么的好好的你让娃罢学？"常老秀才很吃惊，那些日子他教得兴起，正鸪也正学在兴头上。方高纛的决定给一老一少两个人兜头一大瓢凉水。

"学了三年就行了，这点才识够他一世用的。"方高纛说。

"咂咂？你说的你说的？"常老先生脸拉了下来，他觉得这男人的话很荒唐。

"正鸪是一年当三年，可三年下来也不过九年，就够他一世喝的了？"他说。

"再说他读书就是为了他一个人的吗？"常老秀才说。

方高纛是个忠厚的人，老先生这么一说，他支吾了就说不出话来。

正鹄和葛望文在山脚下放牛。那天顾其恒去县城里的那个小教堂做礼拜，每到周日这天，他总要搁下手里的活跑远路去做礼拜。偏巧的是常老先生也病了。张念诚说那你们就歇一天吧，耽误一天也不是个事。

"哦，我知道了，是不是学俸的事呀？"常老秀才恍然大悟的一副表情。

"那点钱你有就给，没就记在那，给不给不是个事……"他说。半天，才又从牙缝里挤出一句话。

"这是方家祠堂的规矩，方家的子弟，都是读了三年就完学的。"方高翥说。

方高翥说："我同意把正鹄交给你，可祠堂里规矩不能坏的。"

"你常说这话的，你老先生不是也常这么说的吗？"他说。

"你说祖上的规矩是万万坏不得的，三纲五常……"方高翥这么说。

常老秀才真嗝住了。他确常跟人说规矩的事，读三年就完学也确是湖塘方家的规矩，几百年似乎都这么过来的，就让正鹄把规矩坏了？

常老秀才无可奈何，他心灰灰的，然后离开了湖塘。正鹄不学了，我还教个什么？

直到女婿张念诚从省城回来，起了个办新学的心思。常老秀才原先也是心存疑虑的，但想到正鹄，觉得这么个学堂也许于正鹄有好处。私塾是有规矩，但新学堂用不了讲那些规矩了，方家还能有什么话说？他先悄悄捎了信给正鹄，无非也就是说烈桥张家要办学堂，字里行间把那学堂描绘得就像天堂，正鹄正饥着渴着想读书，受得了这份诱惑？

果然一切就像常老秀才所想的那样，正鹄终于还是回了学堂。

常老秀才心又热起来。

在他看来，女婿张念诚的新学也好，那个姓顾的年轻后生的西洋学问也好，只要正鹄能静心读书，都是开卷有益的。

他没想到正鹄会去放牛，他更没想到正鹄对放牛这么个事还那么固执简直就是冥顽不化的了，他实在想不出放牛怎么会引起那个伢崽十足的瘾。很多年后老秀才看见那个已经改用学名为方志敏的正鹄，在那些穷苦人中一呼百应，有着难以让人信服的威信，才似乎对早年正鹄的"荒唐"有了些许的理解。

可那时候常老秀才不理解，冰冷的水对老秀才热望第二次的浇泼，确实跟方志敏放牛有关联。

到六月，田里禾已经绿漫成一片，早起雾岚遮罩，你还看不真，鸟雀鸣噪间日头就跃上林梢了，那时候天地的面目完全清晰，那时候你能看见田是田山是山溪是溪屋是屋……那时候颜色也极分明的了，天蓝云白，水清屋黑，而山峦和田野却是绿的。当然还有些零星的红的黄的紫的……那是各色野花呈现出的零碎颜色，它们静静地在各自的角落呈现，相安无事。这时候野外确实有片刻的静谧，先前的雀鸣鸟噪消隐了，继之而来的蝉嚣还没有出现，只听得三两声的狗叫还有农人在石板路上脚步的钝响。你侧了耳，常常能听到细微的"噼啪"声，那是田里青禾拔节的声响。初夏的禾耘过两遍，又往田里丢了些肥，禾正在欢欢的长势中。

这时候人还是忙碌的时候，牛却得了许多的清闲，且是草长莺飞季节，牛的所需充足。疲累了一个春天，也是牛该调养生息或者说享受一下的时候。

正鹄和葛望文在山脚下放牛。那天顾其恒去县城里的那个小教堂做礼拜，每到周日这天，他总要搁下手里的活跑远路去做礼拜。偏巧的是常老先生也病了。张念诚说那你们就歇一天吧，耽误一天也不是个事。

正鹄觉得这正好，这几天正鹄总觉得葛望文心事重重的样子，不知道自己的这个朋友又有个什么事？正鹄想，我得陪陪他。他就和葛望文去放牛。那时候正鹄总是在放牛和其他什么劳作中与穷家的伢俚们作沟通交流。

"天气这么好，我看你脸总不放晴。"正鹄跟葛望文说。

"我家三叔跳井了。"葛望文对正鹄说。

"我听说了。"

"我就不明白我真不明白……"葛望文眼里泪就出来了,他一说起这些事眼里就一大把的泪。

"你不要太伤心,人总是要死的。"

"我不伤心我三叔,他总算有个解脱,他可以不受苦的了。"

"呀!"正鹄没想到葛望文是这么想的,这想法很危险,小小年纪这么想?他想,他得驱赶去葛望文心上这些糊涂想法。

"你是不是也想有个解脱?"

"嗯,我是那么想的,其实很多人都那么想。在世做牛做马,不如一根绳子心一横眼一闭,万事皆休。"

"你不该这么想。"正鹄说。

"你怎么能那么想!"正鹄脸板得像块青石,他真没想到葛望文有这种心思。后来他想跟葛望文说些话,其实这些话自己听来也很那个。好死不如歹活。他想说。虫蚁也知道惜条命何况人?他想说。人活了就有指望总会有出头之日。他想这么说……说来说去就是这些,想想,自己也觉得那些话有些苍白。他到底没说。他觉得不如静静听听葛望文的话,让他倾吐一番更好。或者陪他说点别的。

"我去看过了。"葛望文说。

"看过什么?"

"我家祖上的坟地,在八面坡那边……"

"我知道……"正鹄眨着眼,他不知道葛望文怎么提起祖坟。

"张家的祖坟不也挨着我家的一起?……"

"就是。"正鹄明白了葛望文心里想着什么。

"走向一个走向……总不会是两条龙脉的吧?"

"这不关祖坟的事。"

"关什么事呢？那怎么就穷的穷富的富呢？那为什么就人和人不一样呢？"

是呀，为什么就不一样？正鹄也答不出，正鹄也一直在想着这事。无论湖塘还是烈桥或是别的什么地方，他去过的地方都那样。总是贫富那么的分明，张念诚说什么大同世界，可他自己家就与别人家不一样，就比人家来得富。顾其恒先生说上帝是公平的，上帝创造一切，上帝就把人分三六九等？常老先生说人要发奋读书，只有成就功名才能为枭雄人杰，成为人杰枭雄就功成名就就大富大贵了。

可那么多的穷苦人怎么办？如何使太富者小康，赤贫者不贫？正鹄向三位师长都问过这问题。

三个人不同的反应。

常老秀才愣了一下，他大概不太相信一个伢崽会想这事。"你想这事？你只管读书就是，谁贫谁富的事你管它？"

常老秀才要的是他两耳不闻窗外事，一心只读圣贤书。

"你管那些？你个读书伢崽操心那些？山有个高低，人也有个贫富的嘛……"常老秀才说。

"万事万物高下优劣是命定的……这事复杂，不是你想的。"常老秀才说。

"人人想的是致富小康，小康而至大富。读书就是要图仕途，仕途光明则大富大贵……"常老秀才说。

"人不为己，天诛地灭……孔圣人也这么说的呀……"常老秀才说。

张念诚没有惊诧，他听了正鹄句话，摇了摇头。然后沉默着，脸上沾一点笑，透出一种薄薄的和蔼，沉默不语。似乎觉得这事现在没必要跟正鹄说，似乎这事到时正鹄自然会明白，他总是把事情弄出一点神秘，总是弄得讳莫如深的样子。

而顾其恒却是个另一种样子，他话多，他似乎让正鹄的这个提问勾出了谈兴。他滔滔不绝，口若悬河。那两片薄薄的嘴皮翻动着，那些词句欢快地跳出他的喉咙。他说上帝是公平的，一切都来自人类自身的努力。国强而民富，现在就是要兴西学办工厂开矿，只要举全国之力，齐全民之心，国焉有不富之理，国富了还愁人民温饱小康？

"如何使太富者小康，赤贫者不贫？此话差矣……"顾其恒说。

"应该是使太富者富，赤贫者至小康而终富。"顾其恒说。

"一切靠的就是办洋务兴实业……"他说。

正鹄想说说自己内心的所想，但对他们三个师长却说不出来。直到有一天发生了邵康有跳井的事。

二、为什么人和人不一样？

邵康有跟张家做长工，实际是做脚力。张念诚是大户，垄断了烈桥的茶叶生意，茶叶是张家的一大财源。茶叶往杭州送，先是人挑，而后是车载船运。车是那种独轮推车，道是千年古驿道。铺着厚重的石条，独轮车往那道上走，吱呀地发出响声，邵康有就是挑担推车的那种人。肩挑的事不必说，苦活累活，但推车的活也不轻。推独轮车是个累活也是个技术活，也是个讲究活。

几百里的古道，一队独轮车推着，吱吱呀呀，自古以来无数独轮车从石板上碾过，就碾出了一条石槽，那条石槽像根绳。

邵康有世代给张家做苦力，以前也就这么过下来了，走那绵绵无尽的路，吱吱呀呀里汗落在石条路的轮辙里，有一顿没一顿，能勉强糊口度日。可邵家遇背时运，家里一下子病了两个人。家里一有人生病，事情就不是那么顺。人病了，总得去治病，总得吃药。请郎中抓药这都是花钱的事。这就让邵家为难了。除了糊口的，邵康有家徒四壁。就得去借钱。总不能看着人病死吧？向东家借了些钱，一年下来，钱就还不上了，利滚利呀。要张念诚不追债，邵康有就想着世代为张家做苦力做下去，钱还不上，但力还是出得上的。力气不能换作钱，但世代在你张家做着这份活，该松口你就松个口，不能逼人太急。

可张念诚没这么做，张念诚说："欠债还钱，天经地义。"张念诚和气的脸那时黑得像抹了层锅底灰。任人怎么哀求也无济于事。

年关到了，管家吴庆东家西家的窜，去追债。也是那么一张冷铁样的脸。

"这是要人命的事呀，缓几天缓几天……"那家男人说。

管家不说话，眼白多眼黑少地看人，看得人心里发冷。

那男人哀求道："跟东家说说，你说说……就缓些日子……"

"大恩大德的哟……"

这情形，正鹄看过好多回。他觉得很震惊，不是因为这种事，而是因为在烈桥发生这种事。这种事，他在湖塘也看见过。但在烈桥就不一样了，烈桥是张念诚的老家，张念诚口口声声要拥护新政，要革命革新……十三岁的正鹄不知道山外发生的事情，但也从人口里从偶尔得来的报纸上知道民国是怎么回事，自由民主博爱……平等……太富者小康，赤贫者不贫……哪有？这一切都没有看见，看见的似乎依然如故甚至更糟糕，一切似乎比先前变本加厉。

正鹄很失望，他觉得心灰灰的，心里像被谁堆了些枯草，乱七八糟的一大摊扎得心里督乱。

正鹄看不下去也受不了啦。正鹄去找过朝爷，可张念诚只用眼睛那么看了他一眼，一声不吭。他用沉默敷衍了正鹄的激愤和犹疑。二十三年后方志敏也正是用这种眼光看着那两个抓捕他的白军士兵的，那两个白军士兵从对方这个"大官"的身上只搜出两个铜板，他们高声地喝问他，他们不相信。升官发财，这么个共产党的大官身上会只有两个铜板？那时已经改名方志敏的正鹄就是用这种目光和沉默回答两个如狼似虎的士兵。当然，同样的方式有着不同样的性质。

朝爷用这种目光封住了正鹄的嘴，眼里含了一种东西很复杂，这种东西像一团软绵的什么，让正鹄说不出话来。

他把话对管家吴庆说了，"我想不通我一点也想不通。"

那时候吴庆正带着正鹄在裁缝店试衣服，张念诚交代要给正鹄做一套秋装，老裁缝正拿了竹尺在正鹄身上横横竖竖量，正鹄突然冒出这么一句来。

那裁缝愣了一下，以为那话是跟他说的。

"制衣得有个尺码，不然大小长短乱了不合身。"

正鹄朝裁缝摇了摇头。

看见正鹄朝他摇了摇头，裁缝把尺子收了。

"半月后来取衣服。"老裁缝说。

出了那裁缝店，吴庆拉正鹄去了镇街上的一家馆子，他要了几样菜烫了一壶酒，往两只盅里倒着，正鹄说我不喝，管家没吭声，自顾喝起来。

几盅酒下去，管家吴庆就有些醉意了，他抬起头，说："你莫名的来那么一句……你。"

"我是想不通一点也想不通。"

"你想个什么？"

"为什么人和人不一样？总是贫富那么的分明。"

"哈，你想这呀，你看你这细伢俚……"吴庆笑了一下说。

"你个鬼脑壳想这？……为什么？你说为什么？"他说。

"我想不通。"正鹄说。

"那不是命嘛……命中注定……"管家说。

"谁都这么说。"

"那还不谁都这么说？"

"朝爷不是带头在烈桥剪辫子放大脚的吗？"

"那又怎样？"

"朝爷不是也主张不叫老爷不叫大人，改叫先生的么？"

"那有什么？"

"朝爷不是信三民主义的吗？他也主张这个，他不是也讲自由平等博爱的吗？"

"哈，你说这呀，有的是那么喊，你也信？做箴的打铁的榨油做豆腐的哪个不喊的？喊出来的好听，做出来是另一回事……"管家吴庆说。

正鹄停下步子，侧着脸看着吴庆。

"你别那么看我，难道不是？"吴庆说。

"你书读多了，你个伢崽书读多了……"他说。

"万变不离其宗的，还是那句老话：人不为己，天诛地灭……什么这主义那主义，嘴上唱得……"吴庆那么说着。

他似乎说得有些那个了，可能也是不胜酒力，他觉得腿软，脑壳秤砣样沉沉。

"我们坐坐。"管家吴庆说。

他坐在那继续他难得的高谈阔论。

三、这是个做惊天动地大事的人

让正鹄想不通的还有那个葛望文。

正鹄去找葛望文了，他横了一条心，他想，有些事得霸蛮来硬的。

葛望文打开牛栏门，却看见正鹄横身过来把门拦住。葛望文朝他的伙伴笑笑。

"不是说你今天不来的吗？"葛望文说。

"是说从今以后别去了。"

"那你？……"

"是说还有你，你也别去了。"

葛望文笑了一下，"正鹄你疯了？"

"我没疯！你别去了，你去学堂里。"

葛望文认真地那么看了两眼正鹄，觉得面前的这个伙伴不是跟他说着玩的，正鹄一本正经，正鹄很严肃，正鹄那神态也不像了什么说着玩的，但葛望文仍然牵着牛往外走。

"你该去学堂。"

葛望文摇了摇头。

"你该去！"正鹄朝他的好伙伴喊。

葛望文站住了，他眼里闪着泪花。

"正鹄，你去吧。"葛望文蔫蔫地说。

"你也该去，我说了你也该去，我跟我朝爷说了，他说你该去！"正鹄说。

"我知道他说了。"

"那你不去?"

"他说是说,可事实是另一回事。"

"我想不出怎么会是另一回事。"

葛望文说:"正鹄,你别劝我了,我算是看透了,这个世道,老爷就是老爷,长工就是长工,不是说识几个字就能改变的。"

"你这么想?"

"不是我这么想,事实就是这样,一切都是命。"

"没有什么命不命的。"

"正鹄你真是疯了。"

"我没疯!"

"我知道你没疯,可你这事上错了……"葛望文说。

正鹄愣愣地看着他的朋友。

"真的,我知道你是好心,可正鹄你错了。"葛望文认真地说。

葛望文太认真了,葛望文如果不是那种认真神情,正鹄不会绝望,可葛望文很认真,看上去倒不像是正鹄劝他,倒是他在劝正鹄,他在为正鹄担忧。

"我这样已经够好的了。"葛望文跟正鹄说。

"我觉得很好,一切都很满足。"葛望文说。

"就这样吧,正鹄,我作我的田,你读你的书……就这样了……"他说。

葛望文头也不回地往远处走去了,那几头牛摇晃尾巴,有一头摇着摇着竟然将尾抬起,然后从尾巴根部拱出热烘烘的一泡屎来。正鹄茫然地望着那个方向,葛望文和那几头牛掉在凹坡处消失不见,那泡黛绿色的牛屎腾起一股热气。正鹄坐在那,很久没站起来,心里一种说不上来的东西翻腾着,他觉得什么地方很难受,可又不知道什么地方难受。

正鹄无话可说了，他眉头皱着，那些晴好的天气里正鹄心头却是阴云密布。他觉得那片阴云越聚越厚，合聚成了一块黑重的石头。他被那块石头压着，他想这么下去，总有一天会被这石头压死的。

他不想就这么死，他觉得心里有种东西让他做出了那个决定。

他跟管家说："我要回家。"

管家吴庆说："我们是回家呀就回就回！"

"我是说回湖塘。"

"快到处暑了，到那时你回去呀，说好了的看过你亲爷你就回来。"

"回去了我就不回来了。"

管家吴庆愣住了，看了正鹄好一会，后来就一咧嘴笑了。

"哈，伢崽吔你又没喝酒，被酒熏了也能熏醉吗？世上有这事？"管家说。

不过管家很快知道世上没酒熏醉人的事，第二天正鹄就离开了烈桥。他在这里待了两年，他做了张家的义子，张家待他也不薄，谁也没想到正鹄会离开这。那天早上发生了邵康有跳井的事，正鹄正在整理自己的东西准备动身，有人把邵家出事的事告诉正鹄，正鹄好像早就知道那事一样平淡地点了点头，然后把东西背在肩上往镇子外面走去。

正鹄突然离开烈桥的消息很快在镇子里传开了，事情发生在这么个时候，有人说那细伢俚中邪了，邵康有那些吊死鬼、浸死鬼，魂魄附了他的身，连常老秀才都这么说，顾其恒虽然不信鬼呀什么的，但觉得很可能正鹄脑子出了问题。要不然好好的怎么说走就走了？有好日子不过，有书不读，有灿烂好前程弃之不顾？……怎么就走了呢？

人们跟张念诚说这事，张念诚似乎无动于衷，他还是那么个样子，看去蔫软斯文的一个男人，半眯着眼睛，举了水壶筒吸烟。吸一口，那水烟壶就响一声，他吸了长长一口，听得见那团黑水在幽亮的银白水烟壶里翻动，发出咕噜咕噜的声响，然后也是长长的一股烟透过那烟道溜入他的喉咙。然后是一阵些许的安静，再然后那根绳一样的烟从男人嘴里扯出来，漫成一围白白雾罩，严严实实将他遮罩住了。

他在想事，他心里翻江倒海的想事。

他知道他的沉默是种无奈，他们说你该跟正鹄伢崽谈谈，你是伢崽的义父，他听你的。

他听我的吗？他会听我的？他心里嘀咕。他觉得身边的这些人有些幼稚，正鹄在烈桥两年了，还看不出这伢崽的斤两，是我说得动的伢崽吗？是轻易什么人能改他主意的伢崽吗？张念诚很清楚这一点。岳父说得对，正鹄是个不一般的人，这是个做惊天动地大事的人。这么种人心里有着主见不说，还有着别人没有的东西，小小一个细伢俚，竟然眉宇间现出一种锐气，一举一动都拽动着灵光，这光别人看不见，他张念诚是感觉到了的，也许岳父也感觉到了。才多大个人，脑壳里想的事超乎寻常。

十多年后，就是正鹄这个已经改用学名方志敏的"义子"，带着三百农民星夜奔赴烈桥，他们要捉拿反动乡绅张念诚。张念诚连夜弃家逃遁，先是逃到了南昌，后来又辗转到了上海，富家老爷威风乡里一世，怎么受得了这番流离失所生涯，没多久，就病死他乡。

这一切，当年的那个黄昏，一直看着那个叫正鹄的少年离开大屋子往镇外走着的背影的张念诚隐隐感觉到一点什么，但那时候他真的想不清楚。直到他遭遇到后来的一切，张念诚才明白，当年他的那种预感是有道理的。

第五章

一、正鹄似乎一直在等着这一天的到来

这一年发生了很多的事，是个多事之秋。先是八月德国出兵中立国卢森堡，第一次世界大战爆发。而后，九月，日本人以对付德国人为借口，在山东的一个叫龙口的地方登陆，占领了济南和青岛等地，引发各地反抗热潮。再后来，孙中山在东京成立中华革命党，国内讨伐袁世凯独裁的战争继续进行……这些事放在这个民族几千年历史长河里来看，算不上个什么，但对于才成立几年的民国就这算动荡的了，每一桩事都是大事，天塌地陷的大事，每一桩都引发了震动。像有人在塘堰里丢了一块石，激起波澜，一池水漾动着，荡漾到每一个角落。

湖塘自然也波及了，尽管是那么的细微，但就是细小的震荡也让正鹄坐立不安，他觉得有种模糊的东西让他激动。他老看天，看着那些飞翔着的鸟，尤其天鹅，名字里有个鹄，想来他应该是个鸟命。鹄也就是鸿鹄，就是天鹅。"鸿鹄展翅，志在高远""燕雀焉知鸿鹄之志

哉？"古人的这些名句似乎正是对自己所说。正鹄看天，想着那些一掠而过的鸟多么的好，天高任鸟飞。难道我就在这么样个方寸间度过自己的生命？他想他得走出去，他不能就这么待在这个小村子里。

那个阳光灿烂的午后，方高矗匆匆地从漆工镇往湖塘赶，他给正鹄带去一个消息。县上要设高等小学了。其实是常老秀才和张念诚特意叫方高矗把这消息带给正鹄的，他们说让正鹄去那考考，那伢崽一定能考上。

那些日子方高矗老是看见儿子站在自家的小院里，眼看着天上的某个地方凝思着什么事情。篱笆上的丝瓜花绽着金黄，惹一些蜂蝶在绿叶和黄花中忽高忽低地飞着，那些涩涩的花香就从小蜂和彩蝶翕动着的翅膀间溢向四周。方高矗觉得这情形有些让人迷离，他担心儿子会像村东的南伢一样，那个伢崽就那么一声不吭地待在院子里看天看地不说话了几个月，后来就癫了，眼直直的认人都认不出。后来竟然在一个月光明媚的温暖夜晚悄然走入村东的那眼水塘里丢了性命。

方高矗对于儿子自小对书本的痴迷一直不以为然，他觉得有三年私塾那墨水就够一世受用的了，写写算算，能勉强了对付，方家世代不也个个活得挺滋润的？常老秀才和张念诚翁婿两人对正鹄的那种期待反而让他更感惶然。

方高矗颠颠地往湖塘急赶是因为常老秀才翁婿俩。

常老秀才这些日子来总是给方家带来些"事情"，桩桩都与正鹄相关，都与正鹄的读书有关。每回都是常老秀才亲自来湖塘，可这回不一样，这回常老秀才托人捎去口信，把方高矗叫去了漆工镇。

"县上要办高等小学了，叫正鹄去考考。"常老秀才跟方高矗说。

张念诚说："你一定要让正鹄去考考！"

方高矗说："你们就为这事叫我来？"

"念诚是他朝爷，我也算是他外公的了，我们一直惦着伢崽出息，得了县上这消息，这不就立马赶了来？"常老秀才说。

张念诚说："正鹄是块料，不要弄成废料了。"

方高翥想的也是，他担心儿子真就呆了废了，他拿不定主意，到底是送到县上去好还是留在身边的好。按说留在湖塘自己眼见为实心里要踏实许多，可常老秀才和张念诚都说去叠山书院那是升官晋爵的台阶，正鹄是什么角？是太白星下凡一脸的状元相，能不青云直上云云。他们那么一说，他的心就七上八下的了。

"钱的事你不必担心。"方高翥看见张念诚小眼睛朝自己瞥了那么一眼说道。

方高翥依然没吭声。他当然不是想钱的事，钱的事不用愁，正鹄只要能考上，学钱祠堂里会有学谷支付。他还是那忧虑，正鹄一旦去了县上，就是只鸿鹄飞飘在了高空，那不会是只纸鸢，那不会有根绳线的，就是有根绳线，他方高翥能拴得住？在烈桥，连常老秀才和张念诚都没能管住这个伢崽。正鹄这么一走，从此还回不回湖塘就难说了。他在心里长叹了一口气。这个老实巴交的男人就是这样，总觉得还是在家作田来得牢靠。

但他得把口信带到，他想，正鹄也许会有其他的想法。他急急地想知道一个结局，走得满头满脸的汗水。

方高翥用手拂动了一下空气想喊儿子一声，但他没有喊。他有些担心一直沉默着的正鹄会不会被那么一声喊吓住。他把脚步踩得重了些，看见儿子把昂着的头放了下来。

儿子正鹄用非同寻常的目光看着他，他觉得儿子似乎已经知道了一切。

"你家朝爷和常先生托我带信给你，说县上学堂办什么高等小学了。"

正鹄眼一亮，但没有把过多的喜悦表现在脸上。

正鹄没其他的想法，正鹄似乎一直在等着这一天的到来。

三天后，正鹄去了县上参加了考试。

半月后，方家看到了正鹄被录取的告示。

二、这地方确非寻常之处

湖塘没有湖只有塘，湖塘的名字不知由何而来，这个村子和这一带的村子看去没什么两样，一样的丘陵，一样的田垅，一样的土砖屋子，石板小路还有三两处断垣残壁……有一些塘堰，也确是波光粼粼，但湖却称不上。可有些村名可能跟人名一样是随手拈来的，并不能依名而估。这里古来就叫湖塘，世代都这么叫下来了。村名不像人名，村名叫定了就不能改变，改变了势必带来很多麻烦，有时候是无穷无尽的麻烦。可人名不一样，人可以有很多的名字。

现在，这个后生就在他的桌前写着自己的名字，这是他即将使用的名字。他对这个名字有些陌生。他觉得即将去一个新地方，即将去见一些新的面孔结识一些新朋友，更重要的是即将开始自己崭新的生活，他想让自己笔下的名字显得好看一些。也想让自己先熟悉这三个字，那张很大的宣纸上大大小小横横竖竖写的就那三个字：方志敏。

屋子的木窗很小，透出些许的光亮。

现在透入的是女人的一声喊，正鹄吧！

正鹄是这个后生的乳名，不管名字如何改换，娘总这么叫。

"正鹄吧！"

方志敏应了一声，打开了那门。

娘走进屋来，娘说："要死噢！你还在这里画符，你家朝爷

关于这座书院，顾其恒是略知一二的，元仁宗延祐五年，当地民众不顾官府的阻挠捐资建成这座书院，以纪念榭枋得的民族精神和气节。叠山是榭枋得的字，书院之名也由此而来。

来了……"

方志敏说："我知道了。"

"你知道了你还在这，不去朝门那迎候？"娘有些生气，脸沉下来。

"原来你晓得呀？"娘说。

"你看你这细伢俚，你朝爷来给你做酒，你不迎候？"娘叨叨了。

方志敏想了想，站了起来，他不想迎候那个男人，说不上什么原因，按说他曾经很崇敬那个叫张念诚的男人，可烈桥发生的那些事让正鹄很失望，但他对张念诚挑不出太多的反感的理由，想起这个朝爷，正鹄老想起许多事。多年前他去张家老屋，才进烈桥就出了个祸事。学堂门槛有些高，正鹄一脚踏空，跌了个扎实，就觉得脚踝地方疼痛难当，当时不知道很严重，后来竟然白天走不动路夜里睡不好觉。是张念诚给他找的郎中，张念诚急得什么似的。"抬轿去请，抬轿去请。"他说。结果连夜去城里把三老胡请来。三老胡是县里有名的中医，哪里是说来就来的？张念诚说我亲自去，请，我亲自去，就说张家少爷生病了，我多给他些花边，他能不来？张念诚果然去了县上，果然一顶轿子把三老胡接了来。

方志敏很感激这个男人，一个十来岁的孩子对于成人世界的每一份爱意总是记忆那么的深刻。

顾其恒也来到弋阳高小任教，是张念诚举荐的。其实，张念诚不举荐，顾其恒也会到这所学校来，人往高处走，水往低处流。高等小学一开办，县邑内的人才自然就汇集到了这里。首先是教师，县里派人跑了许多地方，高薪聘请高人良师。而后是学生，举县统考，百里挑一，选录的都是才华出众者。顾其恒自然就心动了，自然也会往这地方来。张念诚知道留不住这个年轻后生，就顺水推舟向邵丁甫举荐了顾其恒。张念诚会权衡得失利弊，两头落得个人情，何乐而不为？

顾其恒到学校的第一天，比正鹄他们刚入学的伢崽们还亢奋，方格木窗外老见他的身影在晃动，嘴里不自觉地跳出一两声的"啧啧"。他被那座建筑激发出前所未有的兴奋。雕梁画栋，青砖麻石，天井回廊，小园幽径……每一处地方都让这个年轻后生感觉到了一些什么。

关于这座书院，顾其恒是略知一二的——元仁宗延祐五年，当地民众不顾官府的阻挠捐资建成这座书院，以纪念榭枋得的民族精神和气节。叠山是榭枋得的字，书院之名也由此而来。后来书院毁于一场大火，又于明熹宗天启年间重建。书院建筑古朴而宏伟，前厅大门上金匾"叠山书院"四字，为民族英雄林则徐手笔。大厅内有木质楼台，数根巨大石柱耸立其间。其后为文昌阁，是书院祭圣的地方。青石墙壁开凿有传说故事如"八仙过海""嫦娥奔月"什么的，浮雕很精致，为明代原物。

顾其恒每天一早起来就要绕着书院走一遭，他走走停停，左盼右顾。那个早上，邵丁甫两手叉腰，站在台阶高处一脸疑惑地看着顾其恒。

"你这是做什么？"

"我这是晨练。"

"没看过你这么晨练的。"

"有什么不对头的地方吗？"

"你看你说的，有什么不对头的地方，不对头的地方多了……"邵丁甫笑着。

"你老往老墙根那地方看，那地方有什么看的？"他说。

顾其恒朝校长笑着，笑得有些那个。邵丁甫到底耐不住那份好奇了，他走下台阶，也走到巷口的老墙边，朝那墙角看去，那是个阴湿的角落，没什么与众不同的地方，那地方长着些青苔和凤尾草，青苔一片黛色，像被人泼去的浓墨。凤尾草零星地从墙缝里长出来，很招摇的样子，那儿风刮不着，雨也浇淋不到，偶尔有一点阳光光顾，没有蜂蝶惊动，更没有什么人来骚扰。那时候邵丁甫看见一根小小的凤尾草尖上有一只蚂蚁，蚂蚁翕动着触须，也是一副自在招摇的样子。

"一只蚂蚁。"邵丁甫说。

"嗯，是一些蚂蚁和苔藓。"顾其恒说。

"噢嗬？"

"这地方确非寻常之处，连苔藓虫蚁也具非常姿态。"

"你看这？"

"邵校长，你不觉得？"

邵丁甫笑了，"顾老师你想这个呀，当然当然，这是什么地方？十年树木，百年树人，这是出人才的地方，小虫小草的在什么话下，叠山书院千百年来出的人物还少吗？这是个出栋梁的地方。"

顾其恒笑着点着头，这当然是个好地方，不然我能到这地方来？他想。

两个人站在那说了好一会儿话，直到阳光像一摊薄饼铺在他们的额头肩膀。邵丁甫歪着头往巷顶看了一眼，阳光柔媚，一柱金黄斜斜倾泻，正是初秋天气，阳光当然好，风也很好，这个季节本来就多是让人心旷神怡的日子，何况高小即将开学，邵丁甫也即将成为真正的一校之长，他的心情就像秋日里的阳光一样。

"今天天气不错。"

"是不错。"

两个男人在那又敷衍了几句，也许他们还想说些什么。天气不错心情不错什么都不错，人就话多，但那声浑厚沉闷的钟声打断了他们的谈话，他们才想起今天是开学的日子，学校在文昌阁有个仪式，祭孔圣人，也算是开学典礼。这很重要，对于邵丁甫来说尤其重要，县上及各乡的头面人物都要光临，他要主持这个仪式。

"真是个好天。"邵丁甫又轻声说了一句。

顾其恒疑惑地朝他的校长瞟了一下，没再说什么。他们那么各自看了一眼，踏上台阶往文昌阁走去。

三、校长邵丁甫

仪式进行得很规范，为这场祭圣活动，邵丁甫准备了近一个月时间。他心里很清楚，对于他和学校来说，这很重要。

又响了几声钟，文昌阁里静寂肃穆了下来。校长邵丁甫站在祭台前，那地方有些晦暗不明，这种地方向来没有太亮堂的，似乎要的就是这种效果。来显示出其庄严气氛。那些殿堂庙宇不都这样？哪能有亮堂的？

他小心地掏出火柴划了点燃纸媒，那光亮映着他的那张略显发福的脸。看得出他对一切十分满意。十分满意的邵校长举着那束跳燃着的火将香烛点了。开始念祭文，他念得抑扬顿挫高低有致。祭文是他自己撰写的，通篇当然都是歌颂圣人先贤的赞美之词。他高声朗读着，他很得意，他觉得字里行间显示了他的才华，也饱含了他对今后所即将拥有的远大前程的期望。

对于校长一职，他得来并不容易，先是乡贤们举荐。可乡贤们举荐了多人，那些人也确各有高低，无论学识还是其他，都不在他邵丁甫之下，其中烈桥的张念诚更是他不能相提并论的。张念诚要钱有钱，才学也为乡人认可，还有多年办新学的经验。要谋得这一职不容易呀。为此邵丁甫到处游走，该游说的人都游说到了，该表达的意思也全尽表达，却没想到张念诚自己表示对校长一职"难当重任"。

他记得那天的事。

那天他去了烈桥，他想，他得找张念诚谈谈。他想，他跟这个人摊牌，推心置腹将想法跟人说，有时候这么做事情往往好办得多。

"好久不见贤弟了，今天专门登门……我知道大纲贤弟家有好茶好酒……"

"有有，茶是新茶，酒是老酒……清茶浊酒。"

"好久也没跟贤弟喝了，今天一醉方休。"

"哈，你可真会找呀，来来，我叫他们弄几个好菜，咱们一杯清酒谈日月，半盏薄茶侃神州。"

管家吴庆到了厨房走了一遭，几样下酒菜立马端了上来。

两杯下肚，张念诚嘴里跳出句李白的诗，诗仙李白有很多关于酒的诗，可张念诚好像最喜欢这两句。

"'三杯通大道，一斗合自然'……"他说。

邵丁甫笑了一下，心想，好呀，妙呀，张念诚跟我对上诗了，他觉得这很好，求之不得。他想：好好！这家伙精通文墨熟读诗书喜好的就是这一口，用别的什么也拉不上近乎，只有喝酒论诗，才能搭上交情。

邵丁甫随口跳出白居易的一句诗："'更怜家酝迎春熟，一瓮醍醐迎我归'……"

张念诚果然来了情绪，文人喜好斗酒吟诗，也喜好斗诗助酒，两个人是斗上了。李白白居易的都出了，张念诚出了两句杜甫的："'闻道云安曲米春，才倾一盏即醺人'……"两个男人也算是有些才学，互不相让，他们口中你一句来我一句去，手里酒盅也你一杯我一杯地饮着。

一个说："'今年洞庭春，玉色疑非酒'……"

另一个说："'泛此忘忧物，远我遗世情……'"

一个唱："一觞虽犹进，杯尽壶自倾……"

另一个和："凭谁给曲蘖，细酌老江干。"

一个接："闲携清圣浊贤酒，重试朝南暮北风。"

另一个接："雨过风清洲渚闲，椒浆醉尽迎神还。"

一个拖长声吟道："瓶竭重招曲道士，床空新聘竹夫人。"

另一个也那么吟出一句："春林剩有山和尚，旅馆难忘曲秀才。"

他们就这么一口气读出了许多许多酒的诗句，都是古人的名句，一般人听不出他们嘴里咿呀地说的是什么，只他们自己能知道，那些诗里学问大着，那些诗里包含了古人对酒的许多雅称别称。古人把酒叫春叫忘忧物叫曲蘖叫清圣浊贤……古人还把酒叫椒浆叫茅柴叫香蚁浮蚁绿蚁碧蚁……古人甚至把酒叫曲道士叫曲秀才什么的。古人对酒的称呼五花八门，古人太爱酒了，酒是个好东西呀。那时候两个男人也觉得酒真好，尤其邵丁甫。

"你老远的来烈桥不会只是找我吟诗喝酒？"几杯茶喝着，佳联绝句的来来往往着，几杯酒下肚后，人就有些亢奋了，说话也直白了许多，张念诚就笑着从嘴里跳出这句话来。

"哈，大纲贤弟是个明白人。"邵丁甫说。

"你说你直说……"

"明白人就是明白人……"

"是关于高等小学校长一职的事吧？"

邵丁甫点着头，邵丁甫脸上带着那么种笑，他说："正是正是。"

"我也就直白了跟大纲贤兄说吧……"他夹了一口菜，又往嘴里送了一杯酒。然后把肚里的东西一股脑地抖了出来。要是平常，他也许不会这么做，可酒让他有了勇气和肚量。他说我很想做这个校长我心里像挂着个什么似的就是想做那个校长，他说我知道自己跟贤弟比才疏学浅但我想当，我上了瘾着了迷就是想当你说怪不怪呢？他说我就做两年，两年后我退出来我就当两年，当那么两年遂个愿我就让位于贤弟……

他还想继续往下说的，可张念诚打断了他的话。张念诚说："来！见年兄，干了这杯。"

他知道张念诚有话要说，他有些不安，那酒倒进喉咙半天没落肚。他没想到张念诚会跟他说那么句话。

张念诚跟他说："你怎么只做两年，你做下去！你不做谁能做得了？"

"你以为我想做？哈哈，我不做！跟你说我没想过那事，我不做我做不了。"张念诚说。

邵丁甫离开烈桥后，很长时间不相信张念诚那话。可张念诚的言行很快让他相信那些话是真的。不断地有关于张念诚的传闻传到邵丁甫的耳朵里，说张念诚到处为他说好话云云，说张念诚关键时候如何如何出手帮他的忙什么的……

张念诚呈现的是一片真心，由不得邵丁甫不相信。

祭圣这天大早，张念诚早早就出现在文昌阁，他没有食言，不仅来了，而且大早的就来了。新衣新帽，一身的光鲜站在乡绅和官员中间。他笑着，那是种让邵丁甫十分放心的笑。

第六章

一、开学第一天他把同学的名都记下了却把自己的名忘了

方志敏认识邵式平也在那个早上，那天他们二十六个高小新生在阁外的那片草坪上集中。学校请来的嘉宾有不少人已经到了，大多是那些家长，还有就是各乡的乡绅学贤……班主任点着大家的名字，叫到一个人，就有一声响亮的"到"。方志敏随了那声"到"将目光掠向那张脸，他很快就将那些名字对上了号并且牢牢记了下来。看榜的那天他就把二十六个名字牢牢记了下来，说不出为什么，他把同学的名都记了下来。

"方志敏！"班主任喊出这三个字，但回应声却有了停顿，有人四下里看着，他们在找着这个叫方志敏的人，老师的目光也从花名册上挪开，挪到人群里。

有人推了方志敏一下，方志敏才意识到那是在叫自己，他响亮地应道："到！"

他侧过脸来看着那个同学，他知道他叫邵式平。

"邵家畈的邵式平？"方志敏说。

"吔吔？"

方志敏笑了笑，他还想说些什么，他想说这没什么呀，我早就知道大家的名字和一些情况。没别的，我只想交些好朋友。我刚刚听到老师叫你的名就记住了你的脸，这没什么奇怪的。他想说，同学一场是前世修来的缘分，我想有些志同道合的朋友。可他没说出来，他听到有人朝他喊了一声。他以为是班主任，回过头，看见是邵校长。他笑着的脸沉了下来，他看见校长那笑脸有些不对劲，他说不上校长那笑脸有什么不对头地方，但他感觉到了一种东西。

他很紧张。

邵校长对即将开始的一切充满了信心，他觉得今天很重要，万事开头难，可他邵丁甫却做得井然有序，他要让整个县城都看见他和他的学校一开头就是一种全新的朝气蓬勃的样子，他要让人耳目一新。因此，他对仪式或者说典礼很重视，半月前就开始精心安排，注意到了每一个细节，他觉得事情已经万无一失。

他没想到还没开始就出现了问题，这些新生里有人会故意让学校难堪。点名也是整个"节目"的重要部分，等于是个由头，他要让人看出正规，他要求大家叫出响亮来让来的诸位听听看看。

可他没想到，学生里竟然有人点名时装聋作哑。这不明摆着恶作剧？这不明摆着故意让他邵某人出丑让学校出丑？邵校长怒火中烧，他想他得严厉管教管教这些害群之马，那火从眼睛里就要漫出来，就要变作一些训斥词句朝那个叫方志敏的学生铺头盖脸过去。可那旺火欲冒不冒时，却转换成一张笑脸。暖融融的那么个笑，邵校长知道，他一举一动全在大家的注视之中，他想这倒好，我有个展示的机会。我得显出大度来，我得显出一校之长的气度来。学生就是要调教的，有那么个顽劣的正常，重就在于调教。让你们看看换的做法。

邵丁甫于是笑了一下。他笑里有种东西，那种东西让方志敏感觉到了。

"你是不是对这里很新奇，一直在想别的事情？"邵丁甫觉得要给这个孩子一个台阶。他说。

"也许想家吧，才出远门人都会想家……这没什么……"他说。

方志敏脸上觉得什么堵得厉害，脸憋得飞红。不是你想的那样，不是。他想。

"不是那么回事，不是！"寂静中方志敏喊出的声音很刺耳。

邵丁甫还那么宽和地笑着，用眼睛看着方志敏。似乎说不是这回事那是什么？

"我不熟这名字……"

周边爆出笑声，难怪别人不笑。什么话？自己的名字不熟悉？谁不熟悉自己的名字？

"我不知道那是在叫我，真的……"

"哈哈哈……"那些笑让方志敏有些手足无措，

"不是……我一下没反应过来……"他支支吾吾起来，他觉得自己都有点不相信自己的话了。天哪！我说不清，我怎么说得清？我确实是不熟悉自己的名字，以前我不叫这名，是来学校才新起的一个名，以前也没人叫过，现在冷不丁有人叫一下没反应过来。可说出来人家当然笑，人家不知道这些，自己的名自己不知道？是好笑的一桩事吧！

开学第一天他把同学的名都记下了却把自己的名忘了。

好在那个姓邵的校长不再追究这事，也好在那只挂在老樟树上的钟适时地敲响了。

然后，就是那个沉闷而冗长的仪式。

再就是桂花园发生的事情。

二、他们就这么由书而始开始了同学生涯并开始了友谊

他没想到他和邵式平会住在一起，他们上课在望江楼，住在桂花园。桂花园离望江楼也就那么点距离，在方志敏他们看来却名副其实是个很好的栖身之地。几间厢房，四个人住一间屋里，他和邵式平铺挨着铺。同屋的还有黄琮和黄镇中。那时候，他们收拾好了房间，方志敏坐在床沿上，他看着房间，房间有些小，东西放在那显出拥挤。方志敏看去就更觉得有些压抑。整个白天他都被点名时的那场事弄得心情不太好，总觉得有什么堵在心口，他没想到会发生那事，他眉宇间凝着的都是忧愁。

邵式平走了过来，他手里拿着只柚子。秋天，家家总有一些收获，而他们走远门总要带上一些东西。同学来自四面八方，都带了些当地的特产什么的来，这时候他们都拿了出来。

"来，大家尝尝。"邵式平说着，却走到了方志敏身边。他坐了下来。他们那时坐在床沿上，互相看了一会，然后开始了对话。

"你怎么知道老师叫的是我？"方志敏说。

"就你一个人了，就你最后，不是你是谁？再说昨天在校门口我已经注意到你了……"

"噢噢！"

"你自己挑行李。"

"这有什么？"

"同学里没几个自己挑行李的。"

方志敏笑了笑："是没几个，你也是其中一个……我看见了，你行

李里大半都是书。"

"噢，读书人首要的是书，没书读什么书？"

"那是那是……"

他们各自把对方的书拈起来翻了一本又翻一本，他们就这么认识了，他们眼放亮了，不知道是因为对方的书还是因为对方，反正眼眸里光灿灿的，口里啧啧不断。他们就这么由书而始开始了同学生涯并开始了友谊。也许他们的交往正应合了那句话，是缘分，也许就是那四个字：志同道合。要不然怎么说得清两个人之间的许多事情？他们在这所学校里待了三年，然后各奔东西。方志敏考入了省甲种工业学校，后来又到九江求学。而邵式平后来进入了北京的一所著名的高等学府。两人各奔东西，但多年以后却殊途同归一起走入那场革命之中，成了战友，且一起在这一带作为领导人并肩战斗。

那时候他们还不知道将来的事，那时候他们只是一种感觉。人和人之间是有一种感觉的，先是觉得两个人都爱书，爱书不用说就是爱读书，就是有着共同的爱好。然后是这次点名，第一句话由此开始，印象深刻且非同一般。

"校长今天真对你不错。"

"什么？"

"我说他对人可以……我以为他要跟你发火，我以为你要挨顿狠训。"

方志敏摇了摇头。

"怎么？他那么对你还不满意？"一边的黄琼插话了，他出生于富家，其父也是这一带的乡绅，今天还代表家长讲了话。他家和邵校长交情不错。此前，邵丁甫去过黄家几趟，黄琼见过这个校长，不过，不知道为什么，黄琼不喜欢这个男人。

"他觉得我是故意的，他那样好像在说我宽容你，下不为例。"

"你管他!"

"可我不是那样的,我真的没反应过来,我以前不用这名字,是来这上学家里才给取的,我一下子没习惯……"

"就算是故意那又怎么样?"黄琮说。

"我看是校长小题大做,他没有必要这样,他把我们都当作要管教的混混崽了。"黄琮说。

黄琮顿时激奋起来,这个富家少爷,身上有着一种叛逆,他记得那天邵丁甫到他家做客的情形,这个即将成为他校长的男人,对于黄父于儿子的评判妄加认同,点头说交给我交给我,我一定严加管束好好调教。黄琮记下了那张脸和声音,就在那天沉静燠热的中午,黄琮对父亲的隔膜和怨恨悄然地转移到了这个邵姓男人身上。

"就算是故意那又怎么样?"黄琮说。

"你别理他!"他跟方志敏说。

黄琮也拿出自己家带来的点心,他的东西琳琅满目,富家的少爷,专门有两个挑夫为他挑着东西。

"来来,大家都来尝尝我家给我准备的好吃的。"黄琮把大家都叫了来。

"你们吃,你们吃,别客气。"他说。

"刘庚子呢?"

"就是呀,刘庚子呢?"

大家也四下里看了看,都摇了摇头。

谁都知道刘庚子,因为他很显眼,列队时总是站在第一个,人瘦瘦小小,个子矮人一个头。那张脸也长出一点特色,其实就是有点丑。

方志敏在桂花园的凉亭那找到刘庚子,树后蜷着个人,刘庚子一个人趴在那,聚精会神地看着石板地面。

方志敏走了过去,他也往地上看了看,他没看出什么。

"你看什么呢？"

"蚂蚁。"

"蚂蚁？"蚂蚁有什么好看的，这真让人想不通。

"大家到处找你，开学第一天，大家想热闹热闹。"

"噢。"

"走吧。"

刘庚子有些迟疑，方志敏拉了他一下他才挪动了那双细脚，跟了方志敏回到大家中间。

三、刘庚子想换个房间

方志敏与校长邵丁甫的第一次较量就和刘庚子有关，如果那算得上一场较量的话。

那天刘庚子去了邵丁甫的屋子，校长正在写字，一笔小楷写得很漂亮。他正写完了一张，指尖那么捏着平举在眼前自我欣赏着，突然听到身后动静，回头，看见是那个小个的学生。

"你进门不报告？"邵校长很不高兴，他想，做学生的这么不讲礼仪？可他突然觉得不应该把不快挂在脸上，脸上出现的是笑。

你要有校长的风度，你该有个校长的模样。他这么想。

"我喊了。"刘庚子说。

"我没听见，你看你说话细声细气，谁听得见？"校长和气地说。

"你应该大声点，……有事吗？"

刘庚子说："是……校长，我有事，我有个事想找你。"

"你说你说！"

"我想换间房间。"

"噢！为什么？"校长还是那么笑着，他觉得这学生提出的事情有点那个。才开学没几天要换房？再说那些房间大小什么的并没有区别，这学生竟然横生个事来要换房。

"你说出个理由来我觉得成立就同意你换。"邵校长说。

刘庚子摇了摇头，他把头一直摇，摇得邵丁甫一头雾水。不是刘庚子没有理由，是他那理由难说出口。他怕鬼，天一黑他就起颤颤。

就这原因，刘庚子想换个房间。

这地方好多年前出过一件事。那一年飞贼夜里摸到桂花园来，没找到值钱东西，却把给书院做饭的女人捂着嘴给奸了。女人觉得没脸见人，一根绳把自己吊在了廊前的屋梁上。后来，有人说多次见着那个女鬼。他们说她死得冤，她夜里就在那等那个贼人报仇，如何如何……他们说女鬼的模样和声音都很吓人，如何如何……这些话，经人嘴在方圆几百里地走着，很多人都听说过。方志敏他们也听过很多回。

刘庚子分的那个房间在最角落，夜里一开门，就是黑黑的角落，看去，真就像有人从廊那边轻手轻脚走来。和刘庚子那间屋相反方向最靠北的那间最好，那屋子比别处感觉要大不说，还靠近更夫的住室，那有值更的更夫当班。可那屋子分派给了秦盛科和另外三个同学。那几个都是大户人家的伢崽，那些富家给学校捐过钱。

刘庚子很无奈，那就不开门吧，再说四个人一间屋。如果夜里不出门也许好一点，但夜里常常要解溲。这就要开门了，不仅只是开门的事，到厕所要走一段路，而且厕所在矮树的后面，那些树，一到夜里就觉得鬼影幢幢的。要搁别人，就约好两个人一起夜起。可刘庚子不行，刘庚子生来就瘦小丑陋，从小就受人白眼。别人不爱跟他玩，久而久之，性格就变得孤僻，自己也不爱跟人来往。他成天不出屋院，也没跟外人交流的机会，只有跟蚂蚁什么的玩了。也这就是方志敏找到他时他正在身心投入地看蚂蚁的原因。当然，大部分的时间刘庚子看的是书。祖父有点文墨，就教他识字。祖父也有些藏书，刘庚子不出门，书就成了他朋友。读书让他感到乐趣，读书也让他得了好处，县上要办高等小学，祠堂里那么些子嗣都进县上赴考，却只有刘庚子榜上有名。如今他不想跟人来往也非得跟人来往了，他要成村里的秀才了。

他就这么的来到这里，可一来他就觉得很那个。事事都不适应不顺心，学校让集合，刘庚子总想把那张脸藏着，一排队，就往后面躲，可排队人家有规定，依个头高矮依次排位，先矮后高。他最矮，当然是排在最前面。先生就会叫着他的名，你过来往前边来。他不照做，先生就会走过来拉他到前面。记住了，队列里你永远是第一个。天！他觉得那是要他的命。不仅列队，就是教室里，他也得坐最前排。你当然是第一排，坐后面高个儿挡了你眼睛。先生的理由很充分。

还有一个办法能解决夜起的事，那就是摆只尿桶在屋里。在乡间，这事平常得很，乡下人屋里都有马桶尿桶。可学校不让，开学那天就规定了许多校规，里面对卫生讲了许多要求。

可现在他却没法将这些跟邵校长说出来。他能跟校长说这些？

他不说，就得受苦。为了不夜里起来解溲，他一到下午就尽量不喝水。我不喝就不屙。他想。可不喝口舌却受苦。忍了几天觉得实在难受。他就想，喝水归喝水，我憋着。就喝水，到晚上尿急了就憋着。可憋能憋住现实里的他，可不能憋住梦里的人。那天梦里就梦见上茅厕，那泡尿畅快地迸射了出来。醒来才知道是梦里。梦里的一通快活，却把那床新被尿湿了。

他晒被窝，被人看出尿了床。有人就笑了。弋阳土话里就有这么句：字怕吊，人怕笑。他们那么一场笑，就笑得刘庚子无地自容，笑

那天晚上,三个少年在湖塘的那片风景秀丽的坟地里待了一夜,他们甚至躺在墓坑边往天上看,看着一块含糊的硕大的天幕。有老鼠或野兔从他们的腋下脚边蹿走,让草棵发出那种窸窣声,也有猫头鹰在不远处的什么地方发出时断时续的恐怖叫声,安静的时候,他们甚至听到小动物磨牙的细小声音。他们先是觉得一颗心叫一只大手捏着,后就渐觉得那手松动了些,细细碎碎的什么也就变得平常了,和在家里的厅堂里没什么两样。

　　再后来他们都倦了困了,一歪头睡了过去。

得他心里如刀割火燎。

刘庚子要死的心都有了。

要不是方志敏，刘庚子可能真就想不开一根绳子吊了颈，要不就打被包走人，事实上刘庚子确实已经在整理行李，他想，他不上学了，他受不了。他待下去也是死，他不想死，他想，我走总行，我回家。

方志敏把刘庚子带到城里的一家茶馆，他说："我们喝点茶，我看你这两天神情不对。"

刘庚子没想到方志敏会请他喝茶。别说喝茶，就是别人约他一般的活动，从前在他生活里也是没有的。

他觉得方志敏好亲切，整个这么大的县城里，他只觉得方志敏很亲切。

刘庚子就把心里的苦水倒了出来。

"你要笑话我了?"他说。

方志敏说："没人会笑话你。"

"我知道你会笑话我，我都觉得自己不争气……"

方志敏说："我帮你去找校长，我跟你换房间。"

"没用的!根本就没用!"

方志敏真就找到邵丁甫，邵校长还那么个笑脸。邵校长那么笑着静静地听完方志敏的话，并没有马上回答。他总能把事情弄得高深莫测，那是他的风格，他总能让事情搞出许多的周折来。

"噢噢，我知道了，刘庚子来过。"他说。

"可他没说为什么。"他说。

"他跟你说过?"邵校长瞪大了眼问。

"他是跟我说过。"方志敏说。

"那会是个什么原因?"

方志敏把原委说给邵校长听，邵校长哈哈大笑了起来，他怕鬼?

这算个什么事吗？

方志敏就跟校长争起来，他不该那么的，可他急，他觉得别人不把刘庚子放眼里，可面前这个男人不行。他是一校之长呀。怎么能那么对待自己的学生？

"你不能这么对待他！"方志敏急了，他嚷了起来。

"对你不算个事，可对刘庚子算个事！"他毕竟年少气盛，冲着邵校长喊着。

邵丁甫很冷静，斯文有度地咧嘴似笑非笑了那么一下。并不立即让那已经到嘴的字词迸发出来，他像要把那些字和词咀嚼一遍一样，让它们滞留在唇齿的后面。他慢吞吞地往方志敏的脸上看了一眼。并不多看，就看了一眼，然后眼光四下里荡着，就像他在屋子里漫着步子一样。他当然没有漫步，他想走一圈两圈，可他觉得那样会显得不自然。于是，他用目光完成了他的想法，然后才将身体凑近他的这个学生。

"那方同学你说我该怎么做？"他说。

方志敏有些那个。该怎么做不是一进门就说了？就是换房间呀，这么个简单的问题一下子竟然让人有些不知所措。

"给他换房间？"邵校长说，"哈哈哈，对换很容易，我一句话，跟谁对换都不是个事，可对换一下真就能解决问题？"

就那么邵校长没说换也没说不换，丢下那么些话给方志敏。

方志敏想也是，换了就能解决问题？这些少年中谁不怕鬼？自己不是也对鬼魅什么的深怀恐惧？可他觉得那个男人没什么道理，至少应该尊重学生的意见，给个合适的解决问题的办法。可现在对方那么一说，他哑了声。

方志敏想是这么想，但却被对方一句话说得没了方寸。

我讨厌他那笑。方志敏想。那几声笑听起来怎么就像刀子，直往你心窝里钻。对换很容易，靠警卫室的那间真能换给刘庚子？那几个都是大户人家的伢崽，大户人家的伢崽得照顾。

第七章

一、三个少年在湖塘的那片风景秀丽的坟地里待了一夜

那天夜里，方志敏跟刘庚子说，我和你搭铺吧，我陪你。

夜里，起了些小风，秋里的风总是充满了鬼祟。风刮落树叶，然后将那些干枯的叶儿不厌其烦地旋着，旋出那种窸窣声，像是有什么在老墙角落里磨牙齿。不想鬼不鬼的倒没事，一想，人满脑壳都是血盆大口鬼影幢幢的什么的在晃。刘庚子打着颤颤，那颤颤又影响了方志敏。

"志敏，你……睡了吗？"刘庚子的声颤颤的。

"没哩……"方志敏颤颤着答。

"我……"刘庚子"我"了一声，他想说我尿急，可他没说，难道尿尿让人家方志敏作陪？刘庚子强忍了，到天亮迷糊时却到底没忍住，又尿了一床。

刘庚子又晒被子了。有咕咕嘎嘎的笑，是秦盛科他们几个。

"多大个伢崽了，还画地图？"

"就是，这事你们不要往外头说的哟……"

"就是，说出去人家说高等小学里有人尿床？还不把我们脸丢光？"

邵式平看不过去了，他说："你们几个怎么说话的？尿床的事不关人大人小，说不定你们家老爷到老还尿床的哩。"

"你说什么？"秦盛科觉得这话伤了面子，往前蹿着，一直蹿到邵式平跟前，邵式平不示弱，他一动不动，一动不动秦盛科和他就鼻尖对鼻尖了。

"我说你家老爷也说不定尿床。"邵式平说。

秦盛科仗着人多汹汹着，但邵式平不示弱，他就心里蔫软了一大半。一挥手，几个阔少离开那地方。

刘庚子哭了起来。要是方志敏不来，这事还不知道怎么收场。

邵式平说："你就这出息？"

刘庚子不哭了，他大了眼睛看着方志敏："可我就是怕鬼。"

方志敏看了看刘庚子，平静地说："过几天你跟我去湖塘，我娘说做了米粿，请你到我那做客。"

没人知道他想干什么，刘庚子当然也不知道，他看着方志敏的眼睛，方志敏那么朝他笑，他好像没法不答应，就朝方志敏点着头。过几天是中元节，学校里放两天假，刘庚子想：我去湖塘住一晚，到过节那天再回去。

其实方志敏想做的一件事就是想让自己和刘庚子以及同学都从此不再怕鬼。他想，来高等小学的同学，人人都有理想，我方志敏也是个想要有大作为的人，可怎么能让心中的鬼影吓坏了？他就想先走这一步，把心里的"鬼"驱走。他想了个很直接的办法，这办法有没有用，他心里没底，可他想试试。

他把邵式平和刘庚子几个请到了湖塘，那天晚上，他们好吃好喝饱餐了一顿，方高翥和婆娘忙上忙下为儿子的客人张罗了一顿好吃的。

吃完那顿晚饭，方志敏就把两个客人带到湖塘的山脚下那片野地里。

那是个混暗不明的夜，正是仲夏时候，天裹着厚厚的云，夜就是那么个样子。幽幽的。要是伸手不见五指还好些，几步外不见东西。可幽幽的那么种夜，能隐约地看见些糊影，这就有些骇人的了。糊影说不清是树是物是人是鬼……谁知道？心里就派生出许多的想象来，就鬼魅丛生了。

邵式平说："志敏，你要带我们去哪？"

"去了你就知道了。"方志敏说。

他们到了那地方。

刘庚子问："就是这吗？这是什么地方？"

"前面是一片林子。"方志敏说。

"噢噢！"刘庚子噢着。

"噢噢噢！"邵式平也噢着。

方志敏没说带他们去的地方，他只说你们在这等着。那有株大树，夜里看不清那树的模样，但感觉到是棵樟树，樟树散发一种气味，在树下一站就知道。方志敏说你们在这等着喔，然后他自己开始在黑暗中往前走着，他走去哪？这只有他自己知道。他走着，脚下就踩着一些东西，咔嚓的断裂声响着，也只有他知道踩踏的那是些什么。也有什么从草丛里蹿过，甚至蓝蓝的一团在草丛里蹿跳着，方志敏心里被一只黑手揪着，他几次想放弃了沿了原路回去，但他没那么做，没那么做的方志敏却也哈着粗气不停地叫着邵式平和刘庚子他们的名字。他的音调有些变化，邵式平听出来了。

"志敏，你怎么了？"邵式平对着黑暗喊着。

"你们站着别动，我一会就回来。"方志敏说着。

他往前走着，喘着粗气。脚下踩着的硬邦邦的东西发出的咔嚓的声让他不由得起瑟缩，要搁别人，也一样会吓得发抖。后来，他就走到一个地方，那里离邵式平他们有些远，在那里，他已经听不真切那边的声音了。他只瞎哎哎地应着，其实那边的几个人也听不到方志敏的声音。

方志敏坐在了一座土岳上，他屁股发凉，欲坐不坐的那会儿他差点放弃，他想，我回吧，我不在这待了，我待不了。可他咬着牙。他对自己说，你真没用，你这事弄不成还成什么大事？他感觉屁股下鼓鼓的一团冷硬东西，他知道那是什么东西，那东西不要说夜里，就是白天也要令人毛骨悚然。

那是颗骷髅。

他们去的地方是个坟场，要不是坟岗，那地方也算得是一处风景。草呀矮树呀小花呀，全长得有模有样的，高低有致色彩相异，但要说是墓地，那情形就不一样了，那地方就阴森森的怕人。

他选这么个地方有他的目的，村人说每到七月初几，这地方鬼门就开了，夜半时候，像正月里的城门，很是热闹。当然是鬼热闹不是人。那种热闹跟阳间不是一回事。古话说：七月半，鬼乱窜。村人里有人看过某种场景，描说得绘声绘色的。方志敏打小就听说过，村里的伢崽不要说夜里，就是白天也不敢轻易往这地方来。

他想，他得看看是不是那么回事。他伸出手去，摸索着把那颗骷髅捏在了手里。他心怦怦跳起来，他觉得脚杆子发软，肩胛处风吹过的地方凉飕飕的。觉得风从草尖掠过来像一些刀子搅着他身体隐秘的部位，不由得身体抖颤起来。觉得身上每个毛孔都张了开来，出来的是汗，进去的却是些阴凉的东西，像是鬼魅化身为阴冷的风化身为水，那么的一点一点往他身体里钻，然后钻到他脑壳里，睁眼闭眼就群魔乱舞的。他知道那不是坟地里出现的东西，是他脑壳里派生出来的。

要是坟地里的，也许并没有什么，但在脑壳里，那种狰狞就让人变成一张薄纸，有些弱不禁风起来。方志敏就要顶不住了，可他觉得无论如何必须顶住。他听到来自自己身体里的什么铮铮地响着。

他就那么硬挺了会，他没闭眼，他说我就看看真会有那么个事吗？他觉得时辰差不多的时候，回到那棵樟树下。天很黑，他看不清邵式平和刘庚子焦急着的两张脸，但他听得出声音里的焦虑。

"你到哪去了？"

"鬼门关。"

"嗯？"

"就是，村里人说那地方是鬼门关。"

他告诉他们脚下站着的是坟地，刘庚子叫了一声，邵式平其实也叫了一声，只是他把那声叫喊堵在了嘴边。

"他们说今天鬼赶集。每月的这一天逢集。"方志敏说。

"你看你？……"

"可不像他们说的那样，什么也没有。"方志敏说

邵式平说："我早知道世间本无鬼，但只是怕。"

方志敏说："只要在那待待，就觉得没什么可怕的了。"

"那我也去看看。"邵式平说。

"我带你去那。"

刘庚子急了，他说："别丢我一个人在这。"

"那我们一起去。"

那天晚上，三个少年在湖塘的那片风景秀丽的坟地里待了一夜，他们甚至躺在墓坑边往天上看，看着一块含糊的硕大的天幕。有老鼠或野兔从他们的腋下脚边蹿走，让草棵发出那种窸窣声，也有猫头鹰在不远处的什么地方发出时断时续的恐怖叫声，安静的时候，他们甚至听到小动物磨牙的细小声音。他们先是觉得一颗心叫一只大手捏着，

后就渐觉得那手松动了些，细细碎碎的什么也就变得平常了，和在家里的厅堂里没什么两样。

再后来他们都倦了困了，一歪头睡了过去。刘庚子是最后才睡去了，他不想睡，他害怕得没瞌睡。但他不能走，他走不了，他推推这个推推那个，两个人都睡得死死。想哭却又不敢哭，那么坐着，渐就瞌睡漫上来，终于也一歪身，倒在了软绵的秋草里了。

他们就那么在坟地里待了一个晚上。

第二天清早，他们坐起，拍去身上那些草屑，揉着眼互相看了那么看了看。如梦方醒的样子。

"咦咦？"刘庚子咦了起来。

"你咦个什么？"

"没被鬼吃了嘛……"

"哪有鬼？"

"我在坟窝子睡了一觉？"

"那是呀，我们在这睡了一觉。"

经过那么一个夜晚，刘庚子真就不再怕鬼了，从那以后的很多年里，他一直把那场经历当成炫耀的资本。

"我和志敏式平在坟堆里睡过一夜，你们谁敢？"他这么跟人说。

没人敢，他们眨巴着眼，他们不相信那事会是真的。

但后来，同学里没人再看见刘庚子尿床后晒被子了。这却是真的。

二、鬼神都是人自己造出来的

没有鬼，那会不会有神呢？这想法也是刘庚子脑子里冒出来的，或者说有人也那么想过，但确确实实是刘庚子提出来的。

那天他们在食堂里吃饭，刘庚子拈了一块豆腐放嘴里，突然就停下了咀嚼。方志敏问刘庚子："你怎么了？"

刘庚子眼珠儿转了一下，说："没有鬼，那神呢？"

方志敏说："你想这事呀，没有鬼，当然也没神的了，鬼神都是人自己造出来的。"

"那邵先生让我们拜孔圣人？"

"噢噢。"

"你噢？"

"我说两回事，神当然没有，但祭拜圣贤只是表达一种敬仰之情。"方志敏说。

但对话传到邵丁甫的耳里，却变成了另外一种样子。话是秦盛科传到他耳里的，当然会添油加醋传走了样。邵丁甫和张念诚见面了，他请张念诚到城里最好的馆子里喝酒。

两个人谈到了高等小学，张念诚一脸带笑地把邵丁甫夸赞了一通。

"丁甫兄治学有方呀，听说学校一切井然……千年学府，在兄之手发扬光大……"

"哪里哪里，千头万绪才理出点点眉目。"

"已经难能可贵的了……"

邵丁甫就说到方志敏，他摇着头。

"怎么了？"

"你家义子不敬鬼神呀，不敬鬼神何来孝道？更难讲师道尊严……"邵丁甫这么说着，手悬悬地端着那只茶杯盯看着对方，揣摸着这话的分量是不是过重了些。

我不这么说不行，要说就说个明白。他想。他在心里咬了咬牙。

"不是老弟我危言耸听，正鹄这个伢崽若长此以往，日后恐叛逆之心日盛而为国之祸根……"

张念诚那时没把邵丁甫这话当回事，几个学生不怕鬼魅不敬神灵也不至于那么严重，分明是你邵丁甫在找借口。他觉得这消息很好，至少说明邵丁甫已经手掂着烫煨芋了。你已经有些棘手了吧？原来你想跟我说这事？想给自己将来的收场打好伏笔。哈，校长这份职这把椅子不是那么好坐的，拿起来似乎光宗耀祖，但要是被迫无奈放下来却会是身败名裂。真没想到才这么些日子才这么些鸡毛蒜皮的事你就有些束手无策的了，那再有个什么大点的事你还不彻底黔驴技穷的吗？

张念诚内心窃喜，他就等着邵丁甫有这么个下场。

"噢噢，兄言之有理，我定要好好教训正鹄……这细伢俚哟，这鬼细伢俚……"张念诚说。

"天地神灵，不敬神那岂不是目中无天，目中无天那眼里还会有人？"他说。

"岂有此理！"他愤愤然地说道。

"不过……"张念诚不过了一句，他也那么意味深长地盯看了对方一眼。

"想来丁甫兄不会为这点小事找我的吧，谅是你久别思念，请我来喝酒小叙，这么个事在你还真是个难事？我不信，你是肚里早有良方上策的了。"张念诚说。

"来来！喝酒喝酒。"张念诚说。

要是张念诚不说这话，也许邵丁甫不会想出那么个主意，可张念诚这么一说，他就觉得自己真该想个办法。可能有什么办法呢？这问题折腾了邵丁甫好些天，他总是为一件事用心费神，就是说那些日子老是纠缠了一件事。能把事情想得很细因而很绝，这是他的长处，也可以说是他的不足。长处是他总能想出个别出心裁的点子，不足的地方是脑子好些日子只纠缠想着一件事，那肯定就会漏了许多重要的事。

有时难免就因小失大呀。

三、我想捉只鬼给大家看看

刘庚子见到鬼却是个月夜，朗朗一轮月悬在高空，透过树叶稀疏的将一些含糊光斑烙在石级和廊道上。

刘庚子起来小解，他踩着碎步到了厕所，扯开裤子哗啦了一通，听听就不对了，他把尿停了，响声却在继续，不像虫叫，也不像是鸟呀什么的在树间弄出的响声，更不是猫头鹰什么的发出的叫声。矮墙那一阵阵低沉的怪怪的叫声。他愣了一下，歪着身子蹴出厕所。往那边看了一眼，一团蓬头垢面掩了血盆大口的东西出现在墙头，他抹了下眼，又抹了下眼，没把那团糊影抹掉。

他提裤头的手不由松了，跑回屋子，他把裤子也跑掉了。他没叫没喊，呆木地坐在那里。

有人发现了他，屋里同学把灯点了。

"呀呀！"同学喊了起来。

"你的裤子！"他们惊惊诧诧。

刘庚子没说裤子的事，他指着外面那围墙。众人眉就皱了，裤子飞墙头了吗？有人出去看了看，没有哇。可他们把刘庚子的裤子找到了。

"哪在墙头，在石级上。"有人拈着刘庚子的那条裤子说。

"鬼……鬼……"刘庚子喊出了声。

有人在他脑壳上重重拍了一下，可不起作用，刘庚子还那么个样样，目光呆滞。

"鬼打你脑壳呀庚子，你梦游吧？"有人说。

"就是就是。"他们说。

"哈哈，鬼脱裤？没听说过没听说过。"他们说。

他们那么说着，谁也没当个事，重又横了身睡下去。

第二天方志敏和邵式平找到刘庚子，他们觉得这事有些怪异。那时候他们也认为刘庚子肯定做了个梦。

"就是就是！是有鬼，我看见了的"刘庚子说。

"千真万确的事，不是梦！"他说。

方志敏和邵式平没把这当回事，他们想，过几天就好了，这伢崽还是那么个事，胆小，小时怕鬼怕成了这样，一定是在睡梦里出现了幻影。

要是那"鬼"不出现，方志敏先前所为将前功尽弃了，刘庚子还会继续尿床，但很快又出鬼了。

这回看见鬼的是黄琮。

那是个礼拜天，黄琮约了纪大九去了街上，他们上馆子，一喝就喝得没了分寸，时间也就握不住了。看看日头已经落下，又喝了一壶，出门时月光已经晃晃的了。也弄不清什么时辰，两个人歪歪倒倒地往回走，走走酒劲就上来了，打一个嗝又打一个嗝。忍不住什么一股浊东西往喉头涌，一个就蹲在树下了，另一个才说你怎么了？自己也软了下来，蹲在那，两个人啊噢啊噢地吐了一通，才相互搀了扶了，眼见就走到书院大门了。黄琮说："哎哎你看那边！"

纪大九往黄琮所指看了看，就看见那团糊影了。

"咦？"他咦了一声，本来想说一句什么的，却哑在喉头了。两个人呆了，他们看见那只"鬼"了，厉鬼披头散发，拖着幽幽怨怨的声，然后白白飘浮不定的影，晃荡着扒在了书院的墙头上。他们大着眼睛互相看了看对方，不约而同发出一声闷响，飞也似的撒脚飞跑，跑出老远。

那个夜晚，他们在书院不远的河滩边的庙里蜷了一夜。

邵丁甫第二天找到这两个学生。

"夜不归宿，你们说你们该受什么罚？"邵丁甫在队列前对大家训着话，他的表情里看得出有一种得意。

"是打手板？还是在日头下罚站？"他说。

"不然就通报你们家长。"他说。

"你们自己说！"他那么说。

黄琮和纪大九就站了出来，他们选择了日头下罚站。打手板手心痛，谁知道校长会不会往那根教鞭上加力气，那就不只是手心痛的事了，肿了烂了，那要苦许多时日。告诉家里，那更不知道要弄出个什么来，回家就会鸡飞狗跳的难得安宁。

他们站了一个下午，晒得昏头昏脑的，直到方志敏他们将两人扶回屋，他们才道出真情。

方志敏说："这么说学校真出鬼了？"

两个人点着头："千真万确。"

刘庚子说道："我说了吧？"

方志敏跟邵式平说："你相信有鬼吗？"

邵式平说："中元节鬼赶集那天我们也没见着个鬼，现在真是出鬼了哩。"

方志敏说："对！是这么回事，肯定有名堂。"他说这话时眼里闪着点东西，似乎在想着什么主意。

"你想干什么呢？"

"我想捉只鬼给大家看看。"方志敏说。

那天的事有些意思，说起来大快人心的好玩。大家睡下了，方志敏当值，看看到了九点半，他敲响了那钟，是熄灯的指令。然后，他往各个房间查寻了一通，各处的屋都熄了灯。方志敏打了个响指，邵式平从黑暗里钻了出来，他们小声说着话。

"秦盛科进了屋？"方志敏问邵式平。

"我查过房了，他在屋里。"邵式平说。

"哦哦。"

"我们等在这，一会就有热闹看了。"

他们俩蹲在矮树后面，眼不眨眉不动地看着秦盛科屋子那门。不错，他们怀疑秦盛科和肖举万，整个高等小学里，也就秦盛科肖举万他们俩特殊，人家几个人一间，他们俩一间。有人觉得这事有点那个，顾其恒就跟邵丁甫提起过。

顾其恒说："校长，新学要倡导平等，怎么能有学生分高下特殊？"

邵丁甫说："我知道我懂我也想普天下均贫富，可短时间里做得到吗？几千年的事不是一日两日能一劳永逸的。"

顾其恒说："就因为他们两家人给学校捐的钱多是吗？"

邵丁甫说："就是就是，我不那么安排能弄来更多的捐助来吗？现在办学是个难事你不是不知道。仅靠县衙拨付那点银子是不够的，你们教书先生的薪水哪来？学校的诸多开支从何处支销？学生缴的学杂费远远不能满足这些，我们靠的是捐助，你不这么做，捐助从何而来？"

是呀，你能说邵丁甫说得没道理？

方志敏觉得要是有人装神弄鬼，秦盛科和肖举万的嫌疑最大。一是他们两人住一间屋偏居一隅方便行动，二是好几次看见他们白天上课瞌睡连连整天无精打采的。

他们守在那，看着夜渐深了。深秋的天气有些冷，夜里的露润物无声，悄然地渗入两人的毛发肌肤，从他们身上的每个毛细孔里张扬着往内渗透。那种滋味不好受，但他们得忍着，他们想，他们定能捉住那只鬼，他们有十成的把握。

那轮月在云里出出进进，四下里万籁俱静。他们支着耳，听到那屋里有细微的动静。方志敏拉了一下邵式平的衣角。邵式平会意地点了点头。

但是，那门一直没张开。

临近天亮，书院里一点动静也没有。方志敏和邵式平互相看了一眼，他们回到自己的屋子里。

这一回，上课无精打采有四个人。方志敏强忍了没让自己趴在桌上睡过去。他往自己大腿上掐着，掐一下又掐一下。

但是，就是那天，还是有人看见了那只"鬼"了。

是半夜时分,他们听到了头顶的动静,哗啦地响,是有人从高处抛下一根粗绳。看去,一根绳儿晃着,过不久,有个人影顺绳而下。

第八章

一、看来"鬼"真的有

那是在书院不远的板栗林里。信江河沿边有片板栗林，那片栗林栗子长得最好。正是秋里，栗子鼓鼓的，引那帮细伢俚眼红红的，就有人白天黑夜往栗林里去，打栗子。

栗林主人不得不雇人守栗子，手里拿着鸟铳梭镖什么的。这么的偷栗子的细伢俚泼泼子什么的没了，他们怕那守林人手里的铳。

但没想到会遇到鬼。

夜里，守林人才要睡，觉得栗林里什么响动，手端着铳就出了棚，往那边一看，人就麻酥了。咦！心里咦一声，手软脚软。那边一团糊影，一身白白飘飘的影，绿颜色毛发，眼有灿灿的光亮。守林人还以为看走了眼，抹抹眼，千真万确。

守林人身一歪，软在了草地里。

"我在栗林里看见鬼。"守林人逢人便说，再也不肯去那看栗林了。

"给再多钱我也不去!"守林人说。

消息传到学校里,方志敏有些失望。邵式平说,看来"鬼"真的有,但不在学校里,是校外的"鬼"。方志敏觉得也是那么回事。明明看见那屋门一夜没开过,要说学校出鬼了,那会是谁?学生里没有,总不会是老师装扮的吧?

那几天秦盛科和肖万举很得意。他们吃板栗,上好的板栗。他们剥着栗子,咔吧咔吧地咬嚼出声音,声音很张狂。

"来来来!吃栗子吃栗子。"秦盛科和肖万举跟同学说。

"来来来!吃栗子吃栗子哟,先生……"秦盛科和肖万举那么跟校长和老师说。

人们诧异地看着他俩。可他俩却笑着。

"吃吃!好吃好吃。"他们说。

"咔吧咔吧……"

"咔吧咔吧……"

他们很张扬,他们吃出一脸的得意。有人觉得那些栗子就是从信江岸边那片栗林里偷来的,但怀疑归怀疑,你没证据。有人甚至到校长那说这事,他们想怀疑是怀疑,但学校可以调查。他们跟校长说就是为了这事。

邵丁甫眼瞪得老大:"这还了得?高等学校出这种学生?要是真的当严惩不贷!"

"我得派人去调查。"他说。

大家都期待了一场痛快,可结果是那两个恶少还那么嚼着板栗。

"咔吧咔吧……"

"吃栗子吃栗子,我们从街子上买来的……"

"怎么?嫌脏?板栗两层壳,哪来的邋遢?

黄镇中说:"真可恶!我真想一拳打掉他们那下巴!"

"百分之百是他们两个干的。"有人说。

"我看他们就是那鬼我看就是……"有人说。

"太猖狂了的吧!"有人说。

方志敏一直没说话,他在思考,他觉得事情很蹊跷,绝不会是那么的简单。他想,如果说是他们两个装神弄鬼,那分明昨天他们没出那张门的呀。如果不是,那板栗也来得太蹊跷了。他们说买来的,当然也有这种可能,莫非他们买那么多的栗子专门借了这事挑衅?可这也太那个了吧?

那些天里,城东甚至整个县城都有人说夜半见着了厉鬼,虽然时间地点不一样,但经历者对那"鬼"的描述却惊人的一致。人心惶惶起来。那些日子,天才近夜边,家家就关门闭户的了。细伢俚夜里啼哭,就说声别哭别哭哭声招那恶鬼来的哟。细伢俚真就立马止了哭。就有了许多的街谈巷议。

"啊啊!鬼张狂哟……"

"什么世道嘛,鬼满城散步?……"

"凶年凶年吧?菩萨也抗不住?"

"就是就是,书院紧挨高庙,菩萨不灵了吗?正压不住邪了的吗?"

"…………"

方志敏觉得事情远非学校里的事了,远非刘庚子怕鬼的事了,而成了一桩大事,这桩事影响到全城人的生活,这桩事搅乱了人心。

方志敏想,不捉着这只鬼,那还谈什么其他?他突然觉得这事很重要,是迎接着某种挑战。

那些日子,方志敏和邵式平常埋伏在望江楼大门后门还有围墙边花园各处,可还是没有"鬼"的踪迹,但城里多日来那只"鬼"还是频频现形。

方志敏想,这事怪了。

刘庚子就要崩溃了，有另外的几个同学也被鬼弄得心神不安。学校被鬼弄得有些鸡犬不宁的。不是，不只学校，整个县城都被这只鬼弄得鸡犬不宁。

邵丁甫觉得这事有些那个了，他没想到会是这样，他觉得应该适可而止。怎么能这么哩？弄出点响动就行了，什么事都有个度，适可而止，还真要弄得鸡飞跳的吗？把事闹大了对谁也不好，这鬼伢崽，怎么会没个分寸？他想，细伢俚就是细伢俚，什么事由了性子来的哟。

他去了一趟秦盛科家，他本来想把秦盛科叫到自己的办公室的但还是没叫。他跟秦家老爷客套了一番，坐在那抽了一袋烟喝了一壶茶，天南地北地扯了。然后，他把秦盛科拉到秦家花园里。

"我和盛科走走。"他跟秦家老爷说。

他们就走在那曲径通幽的地方。

"那事该收场了，夜长梦多。"他跟秦盛科说。

"什么事？"他没想到秦盛科会跟他说这三个字？他看了一下秦盛科，那伢崽张着眼窝一脸疑惑地看着自己。

"凡事适可而止方是万全之策……"

"呀呀，邵校长，你说什么呢？我怎么一点也听不明白？"

邵丁甫没辙了，他只有挑明了说。他说就是你们装神弄鬼的事呀！

"什么？"秦盛科大睁着眼看着校长。

"不是我，那又不是我！"秦盛科说。

"噢！……天！校长以为是我弄的事呀？我敢吗？别说半夜里出去装神弄鬼我不敢，就是真是我做的，我爷还不把我腿打断？我敢吗？"秦盛科说。

他说得很认真，让邵丁甫呆了傻了，他在想：这事麻烦了，不是你秦盛科那还会是谁，真就有鬼了？

"我和肖举万每天晚上都在屋里睡，你问去，你问那些值更的老崔，我们出过门没?"秦盛科说。

邵丁甫不再说什么，他知道再追问下去也是空的。再追问下去秦家少爷就要来脾气的了，这事张扬到秦家老爷那就糟了，是不是秦盛科弄的事，秦家老爷都要追究他邵丁甫的责任。他怎么敢得罪这位县邑里的富商？秦家还有那么几家富户是他邵丁甫的摇钱树。那些捐赞虽说是给学校，可到底是捏在了他邵丁甫手里。捏在丁甫手里就是我邵丁甫的了，他就是靠着这些捐赞才能捞到些好处。

他快快地回了学校，他觉得这事严重了。他支着下巴在自己的案前呆坐了很久，真是召鬼容易驱鬼难的呀。这到底是怎么回事的呢？

二、我抓个活鬼给你看看

就在那个晚上，方志敏把鬼抓住了。

没什么鬼，鬼确确实实是秦盛科和肖举万装的。

方志敏想了两天，想出个眉目，到夜里，确确实实秦盛科他们那屋门一直没开过，就是开了，也只见他们两个中的一个去解手，解完手又回了屋子。好几次方志敏他们很想破门而入看个究竟，可学校有校规，熄灯后不让串门，更不要说去砸人家的门了。

方志敏就动着脑子，他突然想到点什么，恍然大悟，有时候人就那么，就一层纸，却捅不开。可突然灵感一来，那纠结不清的问题像水银泻地，清爽明朗的了。

那天夜里，他把刘庚子也喊了起来。"走！我们抓鬼去，我抓个活鬼给你看看。"

刘庚子大眼小眼地看了方志敏好一会儿。

"你别怕，有我在你怕个什么？"

他带着邵式平和刘庚子去抓鬼，他们来到望江楼的后面，那有个坡，楼就建坡上，所以屋子就像是楼房看去很高很高。陡坡上垒着大石，形成了一截高崖，足有三丈多高。坡下长着草和树木，那天夜里，方志敏他们就埋伏在林子里。

是半夜时分，他们听到了头顶的动静，哗啦地响，是有人从高处抛下一根粗绳。看去，一根绳儿晃着，过不久，有个人影顺绳而下。

刘庚子差点叫出声，邵式平捂住他的嘴。他们看见那黑影落到地面，不是别人，那就是秦盛科。

邵式平想扑过去，但方志敏拉了拉他衣角。

果然，还有个人从上面顺绳而下。

三个人扑过去，把秦盛科和肖万举按住了。他们从那只包袱里搜出了装鬼的道具。

林子里很黑，但刘庚子感觉秦盛科和肖举万的脸更黑。他朝那两张黑着的脸各吐了一口口水。

"原来真是你们两个活鬼呀！"他嚷道。

方志敏制止了他。"别出声！"

方志敏他们把两人带到林子深处，他们让两个人坐在草地上。

"我没想到你们会守在这。"秦盛科说。

方志敏说："我也没想到你们还会继续出来装鬼。"

"也没什么，好玩。"肖举万说。

"嗯？"

秦盛科说："是好玩，我们先头只是装一回两回的吓吓人，可后来不知道怎么的就上瘾了，觉得搁几天不做鬼，手就痒痒，心就莫名的发慌。"

"你是说你们做游戏？"方志敏说。

"是，觉得就是场游戏，觉得好玩，过瘾得很。"

邵式平说："你们那是装鬼，你们是害人，你们说好玩，多少人睡不安宁，搅得县邑里鸡犬不宁的……"

秦盛科在黑暗里昂着脖子鼓大眼睛："信不信由你！"

"没什么说的了，既然你们已经抓着了，就算我们倒霉，不过就是罚几天站而已……"他说。

他嘴上那么说，可心里却不是那么想的，他们两个都知道事情惹大了。不是学校的事，学堂不就是罚几天站的事吗？再说，邵校长绝不敢罚他们，邵校长心知肚明也就得过且过的了。是家里，也不是家里的事，是家族祠堂的事。他们想完了完了，让几十竹篾抽打手心事小，自己和家人在城里见不得人了，走哪都会遭人指戳和吐口水。

这事大了。

"走吧！"方志敏说。

肖举万脚有些软，他走不动："你们想把我们怎么样？"

方志敏重又把那些装鬼的道具塞进包袱里，他走到信江边上，黑暗中把那只包袱抛到江水里。

"走吧，你们回去睡觉，以后再也别干这种事了。"方志敏平静地说。

"就当什么事也没发生过。"他说。

连刘庚子和邵式平也愣住了，秦盛科和肖举万就根本不相信自己的耳朵。

"走吧，回去，大家睡觉去。"方志敏说。

"别惊动其他的人，千万不要惊动了别人。"他说。

他们轻手轻脚回到望江楼上各自的房间，人不知鬼不晓的。

三、我真想跟你来个桃园结义

第二天，像什么事都没有过，那以后，就再也没见着鬼了。秦盛科和肖举万根本就不相信方志敏会那么做，他们依然等着校长来找他们，等着族里派人来领他们回去问罪。他们惴惴不安，他们惊恐万状。可等了一天又等了一天，他们连着等了一个星期，周围风平浪静的，什么事也没发生。

就是刘庚子也不相信事情会是这么个结果，方志敏反复交代他说别把那晚的事说出去，他确实守口如瓶，可他也憋得难受。

"我想不通，我想不通。"他们三个人在一起的时候刘庚子总那么嘟哝。

"不是说恶有恶报的吗？怎么就这么轻易放过他们俩？"他说。

"他们作了恶吗？"方志敏问。

"怎么没作恶？害得全城人不得安生。"

"他们那是恶作剧，我信他们说的，他们那是为了好玩。"

"可玩过头了。"

方志敏说："真把他们的事揭出来我们痛是痛快了，可这两个人年轻轻的也许从此就完了。"

"完了就完了，富家少爷迟早要遭报应。"刘庚子说。

方志敏朝刘庚子笑笑："才多大一个事，就要人遭殃受罪，这是那些恶人坏人的恶劣处，难道我们要去做这种事？"

刘庚子想了想，没话说了。

秦盛科找到方志敏，他生死要请方志敏和邵式平刘庚子下一次馆子。

"你得给我这个面子，你得给。"他对方志敏说。

方志敏笑了笑，说："那好，谢谢你的盛情。"

他们在县城里最好的一家馆子里喝着酒。

秦盛科说了很多话，他那天很高兴。他说："来来，咱们干一杯！"

不是一杯，他把那一碗酒喝个精光。

"志敏，你如此有仁我们不能无义，今后有什么事你吭个声。"秦盛科眼红红地说，看得出他眼里有泪。

肖举万也说："就是，没想到志敏你那么大肚量，今后就是朋友了。"

"我真想跟你来个桃园结义……"秦盛科说。

方志敏说："只要有你这句话就行，我把这碗酒也喝了吧。"

他就把那一大碗酒喝得精光。

他们就那么成了朋友。很多年后，秦盛科背叛了他的家庭参加了革命，并且把生死置之度外。肖举万虽然没有直接加入到方志敏的队伍，可他暗中曾给过红军许多帮助，在他们看来，只要方志敏选择的事情那一定就是正确的。方志敏怎么做都不会有错，他们就是那么想的。

第九章

一、人家吃得你们吃不得？

邵丁甫的事最初是秦盛科弄出来的。秦盛科对方志敏说："姓邵的叫我们装神弄鬼，我不知道他安的什么心。"

"其实我一点也不喜欢这个家伙，我看见他那笑就觉得倒胃口……"他说。

"他常去我家，就那么朝我爷笑，然后嘴上抹了蜜光拈好话给我爷说。"他说。

方志敏眉头跳了一下："他常去你家？"

"嗯，还不是为了钱，他要我家给学校捐钱……"

"噢噢……"

方志敏把这话记心上了。

那天高等小学依旧是祭孔，弄完那仪式后校长训话。邵校长长袍马褂，一副斯文模样，他慢条斯理地训着话，之乎者也了一通。然后依然是那么一通演讲："吾等要切记民国政府所颁教育之宗旨：行三民主义之实，务以充实人民生活，扶植社会生存，发展国民生计，延续民族生命为目标；务期民族独立，民权普遍，民生发展，以促进世界大同为理想。当以'礼、义、廉、耻'作为'国之四维'……"

再然后他谈到了粮食："学校惨淡经营，日不入敷，县府倾其财力以维持，诸方慷慨解囊予相助，才能勉强以续……"

"然而……然而……"他很重地说了两个然而。

"目睹诸君里有人不惜粮食，真是痛心疾首呀……每天看看食堂之溲桶便可知一二，残羹剩饭何其多！作为一校之长，可以说真的是是可忍孰不可忍！"他说。

"诸君将来是国家栋梁，以小见大，从小没有约束力，没自律心，不能遵规严行，何谈志向高远？……"邵丁甫一副痛心疾首模样，他每每训话总会这样。

他沉默了一会，咳了几声接着说道："这些同学，我念及其颜面，暂不点名，但我不想下次再有此等事情发生……"

他表扬了方志敏。

"你们当以方志敏为楷模，身为同学，一样的人，可人家怎么能做得那么好？衣着简朴却洁净，碗里从无剩饭，每一粒粮米都归于口。细微处见其人，堪称大器……"

"人家吃得你们吃不得？"他说。

可没想到方志敏却找到他办公室里来了。

"我也是为粮食的事来找校长的。"方志敏开门见山。

"哈，你做得非常好，理应表扬……"

"我不是为这事来的。"

邵丁甫很吃惊，我不是表扬了你的吗？不是为这事，那为个什么事？

"你说得对，人家吃得你们吃不得？"

"你什么意思？"

"我想同一个屋檐下，师生不该有别，同学间更不该有别……"

"那些饭食，我也是强忍了才吞咽了的，关于剩饭的事，不能全怨同学。"

"嗯？"

"老师不该吃小灶，学校不该让城里学生家送饭来……"

"秦盛科不是已经不让家里送饭了吗？"

"可还是有人送。"

"哦，你就为这事？"

"就是为这事。"

"好吧，跟你说师道尊严，自古是要讲的，天地君亲师，师生有别天经地义……"

"你说行三民主义之实……"

"不是我说的，是民国政府教育宗旨……"

"三民主义之实就是平等自由博爱……"

"哦哦……"邵丁甫一直笑着，他突然觉得来者不善，他有些猝不及防，他笑着，经验告诉他必须这样。他不能出现丝毫的闪失。看来，这个叫方志敏的学生软硬不吃，表扬他就是给他来点软的来点甜的，可竟然不起作用。

"难道不是？"方志敏说着，他甚至那么看着他的校长，那么看，就有些咄咄逼人了。

"可宗旨里也说当以'礼、义、廉、耻'作为'国之四维'……难道不是？"邵丁甫针锋相对，他想，他不能让这个学生占了上风，他想，要不让他占上风就得铺天盖地，首先，不能让他插上话来；其次，得有一句一语中的话一刀致命。他就把这句抛出来了，并且铺天盖地的话由口而出。

"礼是第一位是不?"他说。

"天地君亲师,这是古来的礼……"他说。

"且不说正确与否,你一个学生这么的跟他师长说话,你说妥不妥?"他说。

邵丁甫始终笑着,他是只笑面虎,他总能把那笑弄出四月里的花。那时候方志敏还真让校长那笑弄得有些手足无措。我有什么不妥的吗?明明是他没道理。方志敏这么想,可对方说到师道尊严,说到礼、义、廉、耻,似乎自己就站不住脚了,不是站不住脚,是说出去他没道理,得道者多助,失道者寡助,这道理方志敏是明白的。他想他得有策略,他不能这么让对方抓住什么把柄。他想,要打就一棍子把落水狗打死,不然,狗是要咬人的,狗急跳墙的狗逼疯了更是可怕,咬人置人死地。

方志敏想了想,还是退一步海阔天高。他也那么笑了笑:"那是,是有点欠妥……"

"不过方同学能从大局观为公所想挺身而出此举当受褒奖,只是行为稍欠妥当呀。"邵丁甫依然一张笑脸。

"到时我会找你的,方同学,我一定找你帮忙。"邵丁甫说。

二、那一年出了大事

再次与邵丁甫交手是半年以后,那事后,方志敏确实也思考着一件事,以个人的形式与之交手确实欠缺了些什么,而且没有力量。那一年,方志敏十八岁。也许有着某种巧合,方志敏十八岁那年,正月,大家正走亲戚串门向长辈拜年看社戏逛街子,但偏正月初三例外,初三为忌日，为"送亡人节"。也就这一天，坐在家里的人们，突然感觉到天摇地晃。

地震了，这一天弋阳发生了地震。

"啧啧……"老辈们摇头晃脑。

"阿呀呀！……"女客们惊慌失措。

男人们交头接耳，他们说着话，声小小的。

"呀呀！大过年的出这事？"

"呀呀！正月初三忌日里出这种事？"

"呀呀呀！我看要有事，今年要有大事。"

他们没说错，事情真就像人们猜测的那样，那一年出了大事。

那一年，世界和中国都发生了许多重要的事情，因此也不能不影响到赣东北的这座小小县城。先是《新青年》杂志的创办，许多倡导新文化运动的文章见诸其刊；而后，孙中山在广州就任大元帅职军政府同时成立；然后是中国出兵参加第一次世界大战与德国宣战；再就是十一月七日，俄国发生了十月革命……

这些大事发生在离弋阳很远的地方，可那些事像是有风助力，再远也传到了这座县城，不仅传到了县城，而且在这座小城里引起了响动。

当然，旋涡的中心是高等小学。

顾其恒常去省城，回来就带回大堆的书，书是新书，赫胥黎的《天演论》，孟德斯鸠的《法意》，严复的《辟韩》……林林总总，一大箱一大箱地弄了来。

当然还有报，不仅有《大公报》《字林西报》《申报》《民国日报》等报纸，甚至有顾其恒一直订阅着的《泰晤士报》，那些消息和新思想，一部分就是从那些报纸上得来的。

邵丁甫对方志敏很客气，好像他们中从来没发生过什么。

邵丁甫当然有客气的理由，因为在学习上，方志敏是个再好不过的学生。其一笔好字，不仅字好，好字书写出的诗文也是上佳诗文。国文老师圈点方志敏的文章，嘴里啧啧声不断，欣喜之情溢于言表。他们说：奇才一个呀奇才。当然，方志敏不仅国文好，数学英文自然等都名列前茅，先生们很高兴，他们想，这个方姓学生要这么读下去，肯定能成个状元，肯定出人头地平步青云前途不可限量。

可事情不像他们想的那样，方志敏读书归读书，可脑壳里想的事比课堂上所学的要多得多要深刻得多。那时候他受进步思潮影响，觉得得有个组织。他知道早些年各地都有会党，孙中山等也弄了个同盟会。现在北京南昌九江等大城市里都有青年社学生会等团体，这些都是组织。

想办个青年社的念头就是那时跳出来的。

跟许多当时的乡绅和官员们一样，邵丁甫并没有意识到"组织"的作用和力量，那些天他还悠闲地吸着他的烟，他吸烟还吐烟圈儿，他是跟顾其恒学的，他说咦咦什么都能弄出名堂哦，我也试试我也试，结果他试了那么几十回就试会了吐烟圈儿。他甚至隔三岔五地邀请顾其恒等年轻教师去下馆子喝酒，走走我们喝几杯去。他就点豆豉清蒸鸡、芋头蒸肉什么的，此地乡俗里荤腥多蒸食，别具一格别有风味。他很喜欢当地的那些美食。他跟顾其恒说老弟你喜欢不？顾其恒说当然当然。

邵丁甫觉得一切都很好，一切都在按他当初想象的那么发展着。他很得意，他是名利双收，虽然算不上飞黄腾达，但至少是鹤立鸡群的了。他邵丁甫很满足，他想这已经很好了，我知足。那时候他常想的是那么几个词，知足者常乐……富贵荣华……天衣无缝……

为什么老跳出天衣无缝四个字？只有他邵丁甫知道。

当然，他听到了关于方志敏几个要办青年社的事。

"年轻人弄个什么社的让他们弄去，小孩子玩过家家吧。"他说。

"外国那叫沙龙，是顾先生说的，就是聚一起弄个诗文什么的……"他说。

"这也不是什么新鲜事，自古中国不是也有这事，早在魏晋时就有，竹林七贤就是……"他说。

"弄去弄去，还省得人心涣散到外面惹是生非。"他这么说。

他没当个事，他觉得那是小孩子弄过家家，就算不是过家家也是学生们对古人的模仿之举，不过是附庸风雅。有什么大惊小怪的？

方志敏他们紧锣密鼓，九区青年社就这么办起来了。一切顺顺当当，一切也风平浪静，为什么叫九区青年社？民国时弋阳划分九个区，烈桥漆工等分属九区，方志敏的同学里，九区来的不少。中国的农村，宗族观念浓重，乡里乡亲的好说话，在家靠父母，在外就靠乡亲了。

这帮年轻人就利用了这一点，方志敏以乡亲为纽带将九区的同学联合到了自己的身边。当然，事实上青年社成员不都只是九区的，比如邵式平，他老家是邵家畈就分属七区，还有秦盛科等。

他们弄了一个宗旨："铲除邪恶，追求光明，敢于同恶势力做斗争。"

起初他们确实是读书，他们读进步刊物和书籍。然而，他们悄悄有了些动作，再后来就弄出些事情来了，再再后来，那是几年以后的事了，依然是这九区青年社里的一些精英，在县邑内甚至整个赣东北都弄出惊天动地轰轰烈烈的大事来。

他们又喝了三壶酒。

酒不是过三巡，酒是过三壶，现在两个男人嘴无遮拦的了。

然后，邵丁甫说起方志敏他们办九区青年社的事。

"好哇！年轻人结社，把气氛弄得活泼些不是很好吗？互助互
学……"

"哦哦！你也这么认为？"

"本来就是这么个事嘛。"

三、邵丁甫去了几趟烈桥

这一年间，邵丁甫去了几趟烈桥，先是初二，他走门串户走到了烈桥，他去了张念诚的家。他觉得做校长一年来，一切还都顺利，一切都在自己的掌控中，且如愿尝得了许多的甜头好处。他得去会会那个人，那个既是自己的对手又是自己的朋友的张姓乡绅，张念诚毕竟是"北乡王"，在县里吹口气也会弄出个风吹草动，更不要说张张嘴动动手了，那会叫人不得安宁。过新年这一带人家都拜神，他先是去了县长家，而后就来了烈桥。在他心目中，张念诚在县里只在一人之下。

"大纲兄，给你拜年来了。"

张念诚很吃惊，说："啊呀呀，我说我眉头跳呀跳的哟，是贵客临门了呀。"

他们寒暄了几句就喝上酒了。他们说到方志敏。

"这细伢俚是个有出息细伢俚，谁见了谁不竖大名刀（大拇指）的哟，读书在班上是头一把好角。"

"哦哦，那就好，我就怕这青头郎不懂事，给校长搅事情。"

"你家的义子，会是那种人？"

"那难说的，就真是我家的亲子也把不准他的脉，这难说。"

张念诚说的是真心话，他深知方志敏这个人，马是好马，但看你能不能驾驭得了，驾驭得了自不必说，若无从下手，这马就会弄得你天翻地覆。

"你得好好调教，好铁多下重锤的哟……"张念诚意味深长地说。

"大纲兄，你放心。"

张念诚当然放不下那颗心，他知道方志敏会让邵丁甫吃苦头。

再一次来，就是方志敏找邵丁甫说剩饭的第二天。邵丁甫说是去省城，其实他是到了烈桥。他为方志敏的事找张念诚。

"正鹄说得也有道理。"张念诚说。

邵丁甫很失望，他来烈桥的目的是想张念诚能帮他做做方志敏的工作，毕竟他是方志敏的朝爷，可没想到开门见山，张念诚就亮出态度。让邵丁甫有点难堪。"你看，你还说他有道理。"他说。

"我听正鹄说过，学校里学生吃的是糙米，细伢俚长身体的时候，你给人家吃糙米？"

邵丁甫叹了口气："唉，早就知办学艰难，没想到会这么艰难，好些个学生家穷欠了学费交不出，就算是那些按时交了的米谷，可也不够学堂里开支的。"

然后，他跟张念诚掰着指头算着账，教工的薪金，杂工的酬劳，学杂开支，桌椅房舍的打置修建……

"林林总总，杂七杂八，不是小数目……"他说。

"你是办过学的大纲兄，你也知道其中艰难……"他说。

张念诚当然知道，他也知道邵丁甫肚里的小九九，当初死拼力争的要当这高等小学的校长，他邵丁甫不是没算过账，可他还不是削尖了脑壳要往这位子上坐，没好处他能这样？让学生吃糙米，明摆着就是有猫腻，想让我给你遮掩打圆场，没门也没路。

他没按邵丁甫想的那么做，相反，方志敏去烈桥看他这个朝爷时他跟义子扯起这事，却是站在另一个立场上说的。

"给学生吃糙米自己吃肉，亏他做得出，一校之长呀，为师为长都是不应该的。"他跟方志敏这么说。

"还跟我说蔡元培晏阳初什么的，亏他说得出口，他能跟蔡元培晏阳初他们比得了吗？他当不得人家一根细名刀（小拇指）。"他说。

而后，邵丁甫和张念诚谈方志敏几个张罗九区青年社的事不是在烈桥，却是在邵丁甫的家里。

张念诚常常也会来高等小学走走，他这么个"北乡王"隔三岔五地要去县城，去了，想想，总要跋拉着步子去高等小学。他从烈桥去县城当然是坐轿去的，但去弋阳高小他却每回步行。他得去那，他去弋阳高小得自己走着去。毕竟那是以谢叠山为名的书院，毕竟他义子在，毕竟还有顾其恒等老朋友在，毕竟那是一县之最高学府，毕竟那集聚着当今县邑里最出色的后生……

他有板有眼地在邵丁甫的陪同下看过义子，看过顾其恒，看过高等小学新添置的某些器物，也翻了翻学生们桌上的那些书……然后跟邵丁甫说："我去你家喝酒去。"

他们又喝了三壶酒。

酒不是过三巡，酒是过三壶，现在两个男人嘴无遮拦的了。

然后，邵丁甫说起方志敏他们办九区青年社的事。

"好哇！年轻人结社，把气氛弄得活泼些不是很好吗？互助互学……"

"哦哦！你也这么认为？"

"本来就是这么个事嘛。"

张念诚在这点上确与邵丁甫一样，他没把这事当回事，他也认为不过是过家家什么的，可小孩子过家家也是一场预演，过不几年就真长大了，然后结婚生子，然后一切就真如过家家一样，一切都成了现实。可那时候无论邵丁甫和张念诚或是县长还是其他官员乡绅，都没想到九区青年社八年后会发展为弋阳革命的中坚，其中的大多数成员后来成为赣东北革命根据地的领导人。

"那随他们？"

"你不随他们又能怎么样？丁甫兄没看见现在的局势？"

"我当然知道。"

"不必大惊小怪，几个青皮后生泼泼子能翻了天？"

"那是那是……"

当地人管青年后生就叫泼泼子，在张念诚看来，泼泼子翻不了天，再说还是一帮读书的泼泼子，秀才造反，十年不成。自古以来就是这样，担心个什么？担心的应该是姓邵的，只有他才应该有那么些忧虑，应该坐卧不宁心神不安。秀才造反是不成，翻不了天，但小风细雨的还是能弄出点来的，麻烦会有，就看你姓邵的如何收拾了。这很好，我倒要看看你如何收拾，你收拾不了你就卷铺盖走人吧。

张念诚就是那么想的，他那想法谈不上恶毒，却有些幸灾乐祸。

"他们翻不了天……"他那么说。

"来！喝酒喝酒！"他说。

"翻不了天……"邵丁甫说。

"就是，翻不了天！"张念诚说。

但他们说错了，好多年后，也就是方志敏他们几个九区青年社的骨干，领导了漆工暴动，开始了两杆半枪闹革命，拼杀出一片天地，在赣东北这地方弄出一番轰轰烈烈的革命事业，并把张念诚这个北乡王赶出了弋阳，使他最终客死他乡。

第十章

一、难道世上真会有身在河边不湿鞋见钱眼不开的人？

尽管打那次方志敏与校长邵丁甫关于剩饭的事交涉后，高等小学食堂里学生饭食已经由糙米改换成粳米，但邵丁甫还是为学生饮食的事请方志敏到自己办公室来了一趟。他不是没理由，他是有目的的，那时候，邵丁甫听人说青年社在了解学校经费的来源和用途，听到这消息，邵丁甫有点不信，但消息是可靠的。邵丁甫在学生中也弄了几个眼线，其实就是耳目，其实这容易做到，谈不上是收买，这事有点那个，但不这样不行，他邵丁甫得有防范，要全盘掌握学生的一言一行。青年社探究学校经费来龙去脉之事非同小可，只有他邵丁甫知道利害关系。他想，这事非同小可，他得好好地把事情摆平，想来想去，邵丁甫只有一个办法。

他想了一个晚上，想出唯一的一个办法。

第二天，他把方志敏叫了来。他说："好啊，你办青年社是个好事，你们得帮帮我。"

邵丁甫把方志敏请到县城一家体面的茶馆里，方志敏喝着茶，他不明白对面这个男人的动机，他想了想，说："如果是正当的事，青年社责无旁贷。"

邵丁甫说："那好！学校学生伙食的事，你们青年社介入吧，余下的事我不过问了，可以由你来具体协助我管。"

方志敏感觉这事有点突然，不知道邵丁甫玩的是什么名堂。他看着隔桌而坐的这个男人。那男人笑着，很从容地端起茶杯品着茶。眼睛总是半眯着，让人感觉琢磨不透。他竟然提出这么个事，搁谁谁都会吃惊。学生里一直有人怀疑校长揩了油，可是现在邵校长却主动将这棵摇钱树弃而不顾。

"怎么？不愿意帮忙？"

"我跟大家商量商量……再说，这是我们自己的事，怎么叫帮忙？"

方志敏接管了学校学生伙食的账目管理，甚至连采购也由他们青年社完成。那时候，他过问了每一分钱，觉得事实似乎真像邵丁甫说的那样，学校举步维艰。他想了很久，觉得脑壳里雾蒙蒙的。怎么会是这样？

要是秦盛科不说，事情也许就不是这样子了。秦盛科跟方志敏说："他去我家就不下十次了，哪一回空手而归？"

"城里那些富户他都走遍了，哪一家不出些银子给学校？"秦盛科说。

方志敏觉得秦盛科的话有道理。那些捐赠的钱出入要弄清楚。

那一天，他来到校长办公室。他把大家的意思说了出来，他没想到校长的脸色会突然间有些微妙的变化，虽然漫不经心，但却掩盖不住内心的什么，方志敏看出来了。但方志敏那时也没有确切的证据。他只是存疑，他觉得秦盛科的话有些那个，他想，如果邵丁甫真的有什么，得从这突破。

邵丁甫相信老祖先的那句话，人不为己，天诛地灭。他把管账的事一股脑推给方志敏，有着他的打算。他觉得那些伙食费，紧巴紧巴就能勒出些零金碎银来。就算每个人少吃一口，那一年下来也不得了，一人少吃一口饭不显山不露水的，也饿不死个人，但积少成多，就有一小笔钱的了。那些钱，对于一个富有的成年人来说算不得什么，但对于家境一直贫寒的少年家就不一样了，有很大的诱惑力。

我就不信他一尘不染。邵丁甫想。

我就不信世上真有见钱眼不开的人。他想。

难道世上真会有身在河边不湿鞋见钱眼不开的人？他那么想。

方志敏要是弄了一星半点零金碎银那就算猫沾了腥，永远洗不干净的了。洗不干净了你跟我就是五十步笑百步了，我们两个就绑在一起的了，你还动得了我一根汗毛的吗？你不仅动不了我，你还得保护我，我们共坐一条船，经风涉雨，大家互相关照好自为之。

那个下午，他去了青年社那屋，其实那是食堂边的一间小屋，里面只能摆张桌子，然后是桌子上的算盘和账簿。方志敏在那打着算盘，邵丁甫踱步走了进来。他随意说着些事情，天南地北地扯了几句，然后走了。他经常来这里，也都是说些相关不相关的事，他是一校之长，总是要处处体现"无微不至"。事无巨细，总在"关心"之中。

那个星期，方志敏觉得账不对头。

他跟黄镇中说："这一周的伙食账不对头。"

黄镇中说："怎么，亏了钱？"

方志敏说："不是，是多了。"

"嗯？"

"多了六块大洋……"

"怎么可能！"

"我也觉得奇怪，怎么会多出六块大洋来？"

"你没算对账吧？"

"没有，我核了三遍了。"

"来，我们再核一次。"

再核一次也是多了六块大洋，他们公布账目时，赫然地将多出来的六块大洋白纸黑字写在那张纸上贴在了学校最显眼的地方。

那六块大洋是邵丁甫悄悄地放到小屋抽屉里的，他想，六块大银不是小数目，穷学生肯定会有贪念。

方志敏他们不会想到邵丁甫会这么下作，他只觉得有些怪，没把那事放心上。

邵丁甫的意思很明白，青年社已经公布了两月的账目，账目清清楚楚，滴水不漏。邵丁甫有些不相信自己的眼睛，他觉得这事有些难于理解。他挖空心思地想着，他想想出个什么招来证实一下，真就有人视钱财如粪土？真就有人不为钱财所动？他不相信。他想了很久都没把那招想出来，终于决定用个最原始的办法，往那斗里放六块大洋。抽屉是锁着的，桌靠墙的那块抽屉板有条宽宽的缝，这桌子过去由校长用着，他对桌子很熟悉。六块大洋就是从那塞进去的，没有人能想到会有人往那里面塞银洋，所以，没人找得出理由。只有往外拿大洋，那叫偷钱，哪有往里塞钱的？那该叫什么？

多出了六块大洋？这事有些糊涂，但谁也没当个事。方志敏把六块大洋交了出来。有人说，那多出了就拿出来打平伙上馆子。方志敏没同意。他说："这六块大洋的伙食尾子就放在那，我觉得这有些不可能，以后或许能找出原因弄个水落石出。"

水落石出那是许多年以后的事了，邵丁甫花甲之年说到那个在省城被政府枪毙了的"匪酋"，他曾经的学生方志敏悄悄对人说，那是个人物，那是个清廉的人，高风亮节非平常人所有，可惜了可惜了……

"那年我悄悄放了六块大洋他手边，他动都没动。"他说出了那六块大洋。

"我想测测他，可人家没动心思，真想不通，那不是小数目……"

"啧啧……"

其实后来九区青年社一直揪住邵丁甫的辫子不放，弄得他声名狼藉，可多年后邵丁甫无法对方志敏怀恨于心。那时解放军跨过长江一路凯歌南下，邵丁甫颇为感慨，他说了上面那些话，然后摇着头："共产党有方志敏这样的人，天下归属，其实早有定论。"

二、他们同穿一条裤子

秦盛科的那句话，让大家觉得那个姓邵的肯定有名堂。

这个早晨一切如常，日头照常升起，看去比往常红艳许多。日光暖暖地由天井和门窗晃荡进了屋子，光照里，一些微尘漂浮不定，方志敏坐在那张书案前，那时候，九区青年社的成员群情激奋，他们觉得必须把事情弄个水落石出，他们坚信邵丁甫肯定有什么名堂。可方志敏觉得就算是真有名堂，得有证据。

找证据有些探秘的味儿，这让刘庚子很高兴，他喜欢琢磨事情，也许那时孤单惯了，他用琢磨打发时间，所以往往挑的是最难解的题或复杂的东西来想事。他常常一个人琢磨，养成了深究的习惯。那些日子，他除了对数学等老师的纠缠外就纠缠于来自校长邵丁甫的蛛丝马迹。其实这事用不着动多少脑子，只要摸清学校得了多少捐赠，这些款项落到了何处，事情也就一目了然了。

青年社走访了县境内的几家富绅，草草地估了一下，邵丁甫侵吞的钱款就不在少数。

方志敏很兴奋，大家都很兴奋。他们觉得有机会看到他们的宗旨落到实处，"铲除邪恶，追求光明，敢于同恶势力做斗争。"十七个字像是要被他们书写在天空。那么，他们觉得世人都能看得到。

方志敏和黄镇中代表青年社跟校长邵丁甫作了一次谈话。邵丁甫穿着短衫摇着纸扇，他笑着，黄镇中和邵丁甫的表情截然相反，他把脸弄成了一块冷铁，方志敏脸上风平浪静，看不出他心里在想着什么。他坐在那，好像等着某个人的到来。他们就那么在那间不大的屋子里坐了会。终于，还是黄镇中打破了沉默。

"高等小学一直为县邑各方关注……"

"那是那是。"

"乡绅文瑞和各方的富户据说多次捐款给学校助学。"

"哦，你们说这个呀！"邵丁甫很镇静，他咧着嘴，似乎想让那笑根深蒂固。

"是有几笔，但都用掉了，用在修葺书院置办桌椅之类事情上……"他说。

方志敏这才说话："我们已经查过，那只是很少的一点钱，按此看来，只是其中一部分。"

邵校长喝了一口茶，很平静地说："至于多次捐赠之事，其实大多只在口头应诺上，到学校的钱也只有那么些，这你们可以调查。"

谈话只能到此了，可以调查其实就是索要证据，他们觉得面前的那个男人并不像他们想的那么不堪一击，现在他们已经算是有了证据至少是部分证据，可姓邵的竟然冷静地对付过去。

刘庚子说："我们找他们去！"

"找谁？"秦盛科问。

"找你爷他们呀，找他们核对。"

"就是，我们先核对，那才是真凭实据。"邵式平赞同道。

方志敏点了点头，想想，只有这样了，对待一个顽固的家伙，你只有拿出充分的证据。

其实早就该这样，是我们的经验不足，头一次交锋就没打在七寸上。他想。

就像钝刀割肉，竟然没割出血来。他想。

秦盛科很抖擞地带着九区青年社一行人来到家里。秦老太爷有些愕然。秦盛科笑笑："爹，我同学来家玩。"

秦老爷对管家说："少爷有客来，多加几样好吃的菜。"秦老爷支着管家跟厨房去打招呼，自己却在心里嘀咕着，哈哈，还真的来了。

"无事不登三宝殿。"秦老爷对儿子的客人们说。他明知故问，他心里想，堂堂邵丁甫就真能让这帮细伢俚弄得张皇无措？

"是有事。"黄镇中开门见山，他刚还在想着该怎么称呼面前的这位乡绅，叫老爷吧，他有些不愿意，叫伯父？可他觉得有些太那个。想想，什么也不叫的好。笑笑，就说了那三个字。

"哈，什么事呀？不是盛科的事吧？盛科又在学堂里搞事情了？"

"我们想来同学家里玩玩，另外想核实一件事情。"方志敏说。

"哦哦，你们说。"

方志敏说："听说秦老爷给学校捐助了几笔钱？"

"没几笔，只一笔呀。"

"多少？"

"二十块大洋！"

"什么？！"黄镇中叫了起来，方志敏他们也愣了。这跟邵丁甫说的数目是一致的，难道邵丁甫没有说谎？邵丁甫没有说谎也就意味着他可能真不存在贪占捐赞的事。

秦盛科急了："爹，我看见他来我们家，每次我都看见的，我听到你们说话。"

秦文瑞说："放肆！怎么跟你爷说话的？！"

"我知道不止一次！"

"你知道个屁！"

"你和邵丁甫穿一条裤子，你护着他！"

"我为什么护着他，你是我儿子，他是我什么？我为什么顾他不顾你？"

这么一句，让秦盛科哑住了，也让方志敏他们哑住了。是呀，秦家老爷为什么这事上要护着他，没理由的嘛。他们觉得没法说下去了，他们在那吃了一顿饭，秦家备了一大桌好吃的，可青年社的人都没什么胃口，他们那时候想，这事怎么会弄成这样？这事还怎么查下去。

果然，他们连走了几个大户，所说都和秦文瑞一样。

方志敏愕然了，他想了几个晚上，没想通。

黄镇中坐不住了，他连娘都骂上了，他是个直肠子猛张飞一个。

"我们罢课！姓邵的不彻底把事情说清楚，我们不上课！"黄镇中说。

"跟他们客气不得，跟他们得一个字，狠！"他说。

"那些人是一伙的！"黄镇中这么说。

"他们同穿一条裤子。"他说。

三、一根绳上串着的蚂蚱

其实，秦文瑞已经知道这些细伢俚为个什么事来。

前一夜，邵丁甫突然到秦宅来了一趟，三两句客套话还没完，那脸上笑就烟消云散，愁霾就涌上来了。

"秦兄你得帮帮我。"

"嗯?! 此话怎么讲?"秦文瑞有些奇怪，一直心气颇高眼里无人的邵丁甫口里怎么跳出这么句话?

"你得答应帮我!"

"想来邵先生也没有什么迈不过的坎要我扶携。"

"是深沟哩，你不帮我就完了。"

"噢噢?! 我想不起有什么事这么严重?"

邵丁甫把那事说了。邵丁甫说："人不为己天诛地灭，我不该动那念头，家里盖屋缺钱，我就先支了那些大家捐赞学校的款子。"

秦文瑞想人心贪天报应原来是这么个事呀! 活该，我们捐赞给学堂的钱你也敢吞?

"现在那帮学生查得紧，钱不是个事，可我的名声就臭了，声名狼藉的呀……啊呜呜……"

邵丁甫真就泪流满面的了，他一直有这本事，哭笑都来得快，其实他要去做戏子是个好戏子，还有副好嗓子，也能扯几嗓子动听的弋阳腔。他没去唱戏真是可惜了。

"啊呜呜……"他那么哭了几声。

秦文瑞只喝茶，他不看邵丁甫他斜眼看着天井上方，天井上方一块天没云彩，蓝得有些怪异。

这事我能帮的吗? 这是天报应。秦文瑞想。

亏你还好意思登门跟我说这事，要搁我，一根绳子把自己送到屋梁上一了百了。他这么想。

"那帮细伢俚弄这事真没想到。"邵丁甫说。

"他们穷追猛打……"他说。

"他们下狠手哇来势汹汹……"他说。

秦文瑞还是没吱声。要是邵丁甫不说那话，也许他就这么装聋作哑下去，他当时就那么想的，恶有恶报，老天报应，还有脸子找我帮这个忙？但邵丁甫下面的话让秦文瑞先是一怔，然后就琢磨了好一会儿，再然后，他改主意了。

邵丁甫涕泪兮兮。

"我先前还认命，觉得今年本命年，觉得今年地震终归出了事情，可一想不是那么……"邵丁甫说。

"我担心我只是个开头，他们不是冲了我来的，他们野心大，他们学苏俄……他们有改天换地的野心……"他说。

"他们是要和有钱人作对，他们先拿我开刀，然后最终对付的是有钱人你信不信？"邵丁甫这么说。

就是这句话让秦文瑞有所触动，这些天，他和城里那些朋友常常说到这个话题，这些年来兵荒马乱时局飘摇，但万变不离其宗，清改民国，对有钱人来说并没什么影响。有钱在身，什么都不怕，有钱能使鬼推磨，有钱就能消灾化险。

但俄国发生的事让他们惶惶不安。他们从报上从城里来的朋友嘴里知道那边的事不是这么回事，他们专杀有钱人，他们搞共产主义。就是共产共妻，这还了得？那是洪水猛兽，那是万劫不复……那是万万不能有的。现在邵丁甫说到这事，由不得秦文瑞想了很多，这帮细伢俚会不会也弄那么个事？你看天地君亲师他们都不在眼里，那还不是无法无天的角？

这么想，秦文瑞觉得事情重大了，觉得这事就不是邵丁甫一个人的事了，这是许多人的事，一点火星子要真烧起来，那要成山火的。要把大家都烧成灰。这么说来这不是你邵丁甫一个人的事了，这是大家的事，现在我们是一根绳上串着的蚂蚱，一荣俱荣，一损俱损。

他没跟邵丁甫说这些话，他大着喉咙说了声："好！"

邵丁甫那时吓了一跳，溜转着眼睛看着秦文瑞。

"好！我帮你！"秦文瑞笑着说。

方志敏他们不知道这一切，他们当然不能从秦文瑞的口里得到什么，他们也没法在其他富户的嘴里得到他们想要的东西。

那些人是一伙的。黄镇中没说错。

第十一章

一、俄国发生的事给这些富户敲响了警钟

邵丁甫很得意，他觉得到底还是细伢俚，玩手段论计谋毕竟弄不过自己，姜还是老的辣的呀。

这天夜里很安静，窗外月亮的微光铺在屋脊、树叶和草尖上，似乎被什么拽动着飘摇不定，弄得夜空中的每个角落都晦暗不明，似乎充满了某种变数。这让人充满诗情的月夜，却让邵丁甫感到某种惶恐和不安。他总觉得一切都晦暗不明，这事算是结束了，但会不会又生发出别的什么事？这很难说，那些学生脑壳里新名堂很多，谁知道他们又会弄出些什么事情来？他已经多次领教这些年轻学生的厉害，他不得不提醒自己多加小心。

他想了许久，觉得事情平息下去还不是个事，他得还击，他得来几手厉害的，这些学生，初生牛犊不怕虎，怕的就是重锤，不狠敲你们几下，不知道天高地厚，说不定还会弄出些什么事来。

方志敏脚踏在通往前厅的石板路上，感觉到石板上透彻脚底的凉气通过小腿肚往上漫动，让他感觉到一丝非同寻常的东西。张念诚的脸也很温馨，这让方志敏格外怀疑，因为他太了解他的这个朝爷，真正动怒时面部表情就是这样，他不把怒气和愤懑显示在脸上，反而会漫出种似是而非的笑来，一般人是看不出其中奥秘的，但方志敏知道。

他得有所动作，他得主动出击。

他想了想，觉得擒贼先擒王，不用说，事情都是方志敏引发的。他那么想着，那个方志敏终于让他坐不住了，他想出个对策。他当然不想和方志敏正面交锋。他就那么苦思冥想，想出个两全其美的办法。

邵丁甫又去了一趟烈桥。对他的突然到来，张念诚并不吃惊。又碰到什么难缠的事了，隔三岔五的他肯定要到我府上来，把控一所学校做一校之长不是件容易的事，你以为呀？你吃不消了吧？你头痛了？

张念诚又是一副悠闲自得的模样，他端着那只茶杯，用杯盖一点一点轻刮着杯口。

"我家正鹄又惹事了？"张念诚开门见山，他想，此君登门无非也就这么个事。

"没有！"

张念诚没想到得到的是这么个回答。

"哦?!"他很响地"哦"了一声。

"是我犯了错，是我！"邵丁甫说。

张念诚大眼小眼地愣看了邵丁甫好一会儿，他不相信这个男人会上门来认错。认错也用不着到我这地方来的呀？他想。再说，这姓邵的我还不知道吗？从来茅坑里的石头又臭又硬，什么时候认过错？他觉得好生蹊跷，那么一动不动地看着对方，他想对方肯定会说出个所以然。

他没想到对方会老泪纵横。邵丁甫用这一招，其实多余，在秦家老爷那不管用，在张念诚这就更不管用了。有用的是他说的那些话。

他把那场事说了，张念诚和秦家老爷想的是一回事，现在不是邵丁甫一个人的事了，这么着弄下去，肯定是他们富户的事。他们是一根绳上的蚂蚱，俄国发生的事给这些富户敲响了警钟。

邵丁甫说，"现在他们找的是我，过不了几天难说就是谁了。"

张念诚说："你说得有道理。"

他们在那说了好一会儿话。

张念诚说："你想让我做什么我知道，你不必说了！"

邵丁甫很吃惊，他这两天一直在准备着这事，他准备了一肚子的话。他来之前一直还给自己鼓劲，他想他得装出一副可怜相，他想他得好好给张念诚说说，就是低三下四也在所不惜，忍得胯下之辱，日后寻得翻身之时，乃大丈夫也。但他没想到事情竟会如此轻易地就让张念诚接受，他有些吃惊，也有些怀疑。他没想到张念诚会说他知道该做什么？他以为得费一番口舌，没想到事情却如此简单。

邵丁甫心里踏实了下来，张念诚跟他说："我明天就动身，我跟正鹄说去，这还了得，师道尊严哪里去了？无法无天了吗？"

张念诚表现出足够的愤怒，让邵丁甫彻底地放心了，第二天一早，两顶轿子从烈桥镇口的石桥上颠颠地走过，直接往县城奔去。

二、这些年轻人似乎就是冲了旧有的规矩来的

正是个星期天，方志敏正准备和邵式平几个下乡去做社会调查，远远地就看见两顶轿子悠悠晃晃地从那边过来。方志敏认出了其中的那顶轿子。

"我朝爷来了。"他跟邵式平说。

邵式平说："他不会是来找你的吧？"

方志敏说："不管他找谁，他是我朝爷，我得见见他。"

邵式平说："那是！"

会见是在书院的前厅，那是邵丁甫有意安排的，前厅宽敞，那儿

还摆放了些花盆，看上去气氛也很温馨。而且那是个晴和的日子，空气中飘荡着一种与以往不同的气息。方志敏脚踏在通往前厅的石板路上，感觉到石板上透彻脚底的凉气通过小腿肚往上漫动，让他感觉到一丝非同寻常的东西。张念诚的脸也很温馨，这让方志敏格外怀疑，因为他太了解他的这个朝爷，真正动怒时面部表情就是这样，他不把怒气和愤懑显示在脸上，反而会漫出种似是而非的笑来，一般人是看不出其中奥秘，但方志敏知道。方志敏给自己说来者不善呀。他镇定了下，喊了声朝爹。

他们沉默了一会，看得出邵丁甫和张念诚都不愿意那样，可事情却真是一下子难扯开这个头。但头毕竟是要开的，头是邵丁甫扯开的，邵丁甫说："你们爷崽谈，见一面不容易，我去前面看看。"

现在，就方志敏和张念诚两个人了。

张念诚说："你也知道我为什么来，你一定知道……"

方志敏说："是不是因为学校捐赞款子的事？"

"我听说了，你们揪着校方不放……"

"我们觉得有些钱款下落不明。"

"你以为呀？"

方志敏点着头："我们没以为什么，我们只是想请校方说明白，我们只想邵校长能说清楚。"

张念诚说："学生以读书为主，古人所云，两耳不闻窗外事，一心只读圣贤书。三心二意的能读出什么名堂？"

方志敏愣愣地看了自己对面这男人好一会儿，他觉得不像他以前印象中的那个人，那个男人开明，推崇洋务，维护革新，第一个在乡里将辫子剪了，说起变革来也口若悬河，但现在虽然表面言语新潮，骨子却还是老旧的那一套。尤其关键时候，却完全是另一副模样。

"可要是邵丁甫真把那钱贪归己有了呢？"

张念诚莫名地摇着头："我想不会，我想他不至于那么做。"

"可青年社怀疑。"

"怀疑归怀疑，你们没有证据呀，凡事要拿出证据来的，这么大个事，这事关系到校长的威信，关系到一个绅士的名誉，也关系到高等小学的声誉……能由了几个细伢俚无端搅事给毁了？"

"你说我们无端搅事？"

"放着书不好好读，弄这些劳什子就是无端搅事。"

"我想不通！"

"想不通你一边好好想几天，静静想那么几天也许你就想通了。"

"朝爷你真就没给学校捐钱？我记得你给我说过的，你说你捐了钱的。"

"我是说捐钱，我是那么说了，可我没说什么时候捐，我还没拿过一分钱给学校，就这么回事。"

方志敏不相信张念诚的话。他也很吃惊，怎么张念诚和秦家老爷的话如出一辙，他不相信他们捐的钱被邵丁甫私吞会心甘情愿忍气吞声，可他们怎么众口一词。方志敏那时候不明白一个阶级的利益是共同的，平常他们也有矛盾，相互间也尔虞我诈，但一旦伤及他们共同利益，他们是站在一起的。看清这一点是多年以后，看清这一点方志敏就不仅只针对一个人了，他义无反顾地把斗争的目标对准了那个阶层。

张念诚走的时候给方志敏留了几块大洋，方志敏说："我现在不缺钱用。"

张念诚还那么笑着："朝爷是为你好。"

"这件事是青年社的事，不是我一个人的事，你就不必管了。"方志敏说。

"你管也没有用的。"他说。

张念诚摇着头，他一直那么摇头。他有些无奈，他没想到事情会是这样，他没法跟义子谈下去了。他想再说家有家规国有国法，学堂也是有规矩的，但他突然发现，这些年轻人似乎就是冲了旧有的规矩来的。两年后的五月四日，北京发生了学生上街火烧赵家楼的事，张念诚一点也不惊讶。

三、活人不能叫尿憋死

张念诚没有立即回烈桥，他找了个客栈住了下来。一来他张家纸坊得进一批机器，他们说腾桥的马万就进了架机器，出的纸比他张家的纸坊要多出数倍，且纸质要好上几成。那是种东洋机器，张念诚想东洋人也黑头发黄皮肤，他们自古来学的就是我中华技艺，可怎么就能做出精妙机器，张念诚用过日本产的器具，不用说，东西就是好。他想去进几架机器，他张家不能落于人家之后。二来茶叶的生意还有些零星的余账未结。最重要的是，他还想找个机会跟方志敏再谈谈，他觉得不对劲，才多久没见着这个义子了，这正鹄伢崽的神情气势全不对劲。他没有说服方志敏，这不只是丢了他张念诚北乡王面子的事，他是跟邵丁甫拍了胸脯的，他说：这么个事没什么，这是个什么事？他是这么跟邵丁甫说的。放心放心，一桩小事，手到擒来。

他没想到方志敏还真成了一块石头，软硬不吃。不吃还事小，还让他这个做朝爷的吃了满嘴的沙土，吞不得咽不得吐不净，说不出的一种难受。

那是他多少年来吃得最少的一顿饭，他没了食欲。客栈临近信江，推窗能看见远山起伏江景静流，那时候正是暮色四合而来之时，江水泛红，夕阳拼力挣扎着，把余晖灿烂地涂抹在山水间，灿烂是灿烂，可张念诚知道那也就不过一袋烟功夫的事，也许用不了一袋烟的工夫，那红艳灿烂就香消玉殒的了。他还看见许多的蜻蜓从窗前掠过，组合成一支蜻蜓的阵队，无数的蜻蜓在红艳的光照里翻飞着，让他感觉有些晕眩，他把那窗关了，可那些蜻蜓却像飞进了他的心里，他拂了一下胳膊，那些赤红的蜻蜓却仍然肆无忌惮地在他心里旋着，旋出一团火来。

他想，他睡去，走了这么远的路经了这么一场事，我脑壳糊糊的。我睡去。

可他没睡着，脑壳糊糊不是因为瞌睡，脑壳糊糊那是一堆乱麻一样的心事，乱麻一样的心事搅着怎么睡得着？

他就听到敲门声。

是邵丁甫他们，说他们，是指来人不止邵丁甫一个，那些人站在客栈狭窄的楼道里，把楼道的木板踩踏出咔吱咔吱的声音。

"您没睡呀。"

"没睡没睡……"

"喝茶去？我们喝茶去？"

"那好。"张念诚觉得这应该是打发这个烦躁的夜晚最好的选择。他换了身衣服。

"啊啊！喝个茶也劳你们这么多人上门请的嘛？叫伙计传个话就行。"

"张老爷难得进城一趟，还是我们上门请方显我等诚意。"

"哈，客气了。"

张念诚嘴上那么说，心里却很高兴。他觉得这些人的到来让他心里好受些了。毕竟他还是方圆百里举足轻重的人物，他们眼里有他。他们哪是请我喝茶，是请我去议事。让我想方思策，解决他们眼下忧难。当然，他们眼下的忧难也是我张某的忧难。他想起那八个字，同舟共济，患难与共。

张念诚没说错，城里的这些富人这些天忧心忡忡寝食难安。年初三的地震让他们惴惴不安，他们以为终会出大事在劫难逃，他们度日如年。可一直没什么特别的事情发生，更没有天灾人祸，与往年也没什么大区别的呀。眼见到了秋天，眼见一年就要过去。可事情却发生了，当然不是在县境也不是在中国，事情发生在俄国，在几千里之外的地方。可他们觉得事情就像发生在他们家的门口，有什么让他们难得安宁，如鲠在喉。

他们得商议商议，他们得找个人说说。张念诚来了，这是个好机会。

他们当然不会错过。

他们找了一家茶馆，要了个临江的包间，他们把门关了，他们喝着茶，然后说到一些事，秦家老爷也在其中，还有邵丁甫，几乎城里的头面人物都聚到这地方。有人说：苏俄弄了那事，这恐怕让世界难得安宁。张念诚并不说话，他听大家说，他装作来自乡间一隅的一个土财主，一副懵懂的样子，其实没人相信他那表情，他们都了解他，这是只笑面虎，心里比谁都清楚哩，不然大家怎么都凑到这地方来？要不然怎么说是北乡王？县里除了县长，大概只有张念诚有半壁天下，没有几下子能有这地位？要不然，他们也不会到这地方来，到这地方来就是想听听他的想法。

他们七嘴八舌说了一通，喝了两壶茶，也许是说尽兴了，也许是喝得累了，终于，他们沉静了下来。大家哑了声，张念诚咳了两声，咳第一声大家不约而同地抖颤了一下身体，咳第二声时大家伸长了脖颈。他们知道张念诚要说话了。

张念诚说："这不行！"

废话呀，他们想，当然不行！他们想听的是怎么能制止住那些事情，防患于未然，尤其邵丁甫，他已经是首当其冲，他想张念诚能有个办法，他已经知道张念诚白天其实也没拿出个办法来，但他觉得这个男人只是个缓兵之计，他会有办法的。

张念诚说："我看这事得要好好想想办法。"

"其实也是废话一句，来这里就是图个办法，想找你就是要拿个办法，你说办法。我们想过了，但想不出个好办法。"

张念诚又咳了两声。现在他终于惊天动地地说了一句。

"不能让苏俄的事在中国发生！"他说。

"不能让他们弄组织，邵校长，你得把青年社解散了。"张念诚说。

"这是祸根，任其放任，其患无穷！"张念诚这么说。

"可你不是说没个好办法？"有人说。

张念诚笑笑："是这样，可天无绝人之路，活人不能叫尿憋死。"

他们那天夜里想出了一个办法，不，应该说是一些对策，他们毕竟是些老奸巨猾的家伙，他们心狠手辣。

这些聚会给邵丁甫一颗定心丸，他相信了这些县邑里举足轻重的人是站在他这边的。有他们在我怕个什么？他想。他觉得心里踏实了。

张念诚第三天才离开县城，他觉得收获颇丰，他在上海定了三架机器，都是东洋货。他还把另一些事定下来了。他很满意，他们很满意，觉得一切都那么的天衣无缝，稳操胜券。得把组织给解散了。张念诚一语道破天机，他们也知道组织的力量，君子群而不党，小人群而为患。古来曾有多少前车之鉴的呀。

张念诚离开的那天，又和方志敏见过一面。

这一回，是方志敏找上来的。方志敏说："朝爷，我一直很相信你，你真的没给高等小学捐钱？"那时候，方志敏等着这个朝爷的最后答复，他已经想了几个晚上，他觉得人总得有个底线，他可以容忍一切，可容忍不了虚伪和欺骗。他想着那个他叫作朝爷的男人，曾经口口声声伦理道德，可事到临头却昧着良心说假话。

张念诚说："你总纠缠着这事干什么？我早说过，一个读书人一心读你的书就是，你去管这些事？"

"这事很重要。"方志敏一语双关。

"我看是鸡毛蒜皮的小事。"显然，张念诚只听出其中的一点。

方志敏想，你听不出听不出吧，那就扯这个。

"上梁不正下梁歪，有这样的校长就会有这样的学生。"方志敏说。

"我看谁到那位子上都得想着给自己谋些蝇头小利……"

"你说谁都那么？"

"那是，人不为己，天诛地灭！"

"要我就不会！"

张念诚摇了摇头，显然他是真的不相信方志敏这话。

"你好好想想，不要给我们丢脸。"张念诚不想跟方志敏说下去了，他知道谈不出个结果，但没想到方志敏回了他一句话，让他深感意外。

"你不要用这种口气跟我说话，从今后你再也不是我朝爷了！"方志敏说。

张念诚用那小眼睛看了方志敏好一会儿，僵着的脸绽出一丝笑，摆了摆手，"也好。"他说。他就说了那么声"也好。"

张念诚的那种慈祥的笑容，竟让方志敏心里常常风中花枝一样颤动，他想，许多时候都是让他那笑弄黄的。这不行，明明知道他那笑是假的，可怎么就会软下来呢？我必须把这面石头墙给打碎了。张念诚被那些绅士请到茶馆时，方志敏心里也跳出了那么个想法，那时候，方志敏正从桂花园散步出来，邵式平说我也去，方志敏说我一个人走走吧。他就一个人走了出来，一直走到江边，也看见了信江冬日里黄昏那独特景象。可他无心体味那种美丽，他心事重重，人心事重重就没了诗情画意，他那时心里纠缠着许多的东西，像堆乱麻，他理着那堆麻。

他想，看来我们不是跟邵丁甫一个人斗，他的身后有一大批的人，他的后面有人给他撑腰。对，就是这么回事，张念诚说了那么多的谎话假话，但有一句话是对的：我看谁到那位子上都得想着给自己谋些蝇头小利，不是邵丁甫做校长这样，就是他们中的谁来做校长都一个样，可能有过之而无不及，贪婪黑心，巧取豪夺。这么想来，这就不是一个邵丁甫的事了，觉得事情重大，觉得要有一番更残酷的斗争，觉得必须找着最重要的地方下力气。擒贼擒王，打蛇打七寸。

就这样，他想到张念诚了，他觉得他义父就是那七寸，为此，他必须做出决断，当然这决定很难做出，先是自己内心，毕竟张念诚是自己义父，一直对自己非常关照；另外，童年时期他还是自己的偶像，许多方面受到过这个男人的影响；其三，若真的跟张念诚翻脸，还得顶住来自家族的压力，方家祠堂，还有自己的父亲伯叔，肯定会反对的。

但他不能对恶势力低头，青年社的宗旨是他定的，"铲除邪恶，追求光明，敢于同恶势力做斗争。"若自己这点决心也下不了，那还谈什么敢于同恶势力做斗争呢？

他咬着牙齿。

第二天的一早他去见了张念诚。张念诚正要上轿，被方志敏堵在那了，张念诚愣了一下，觉得事情有些蹊跷，他想，也许正鹄想清楚了。方志敏说："朝爷，我一直很相信你，你真的没给高等小学捐钱？"张念诚没听出这句话的意味，方志敏那是对张念诚抱最后的一点希望，要是张念诚如实说了，可能事情就不会是后来发生的那样，但张念诚就像方志敏事先预料的那样没有承认。方志敏内心再也没有义父的空间了，他终于对张念诚斩钉截铁地说了那句话："从今后你再也不是我朝爷了!"

　　张念诚的轿子悠悠地晃过浮桥,一直在信江对岸的田野里消失了。轿子一直走得很安静,但张念诚心里却难得安静。

　　我不再是你朝爷了,那会是什么?他想。

　　敌人。他想到了这两个字。他心里跳出这两字时打了一大串寒战。然后,他也那么咬了咬牙齿。

第十二章

一、是可忍孰不可忍

方志敏说："我跟我朝爷谈过了，我们摊牌了，他再也不是我的朝爷了。"

大家表情不一样。

邵式平说："那是迟早的事。"

刘庚子说："那又何必？好好的你把棵摇钱树给弄了？"

秦盛科说："志敏做得对，不要说朝爷，连亲爷我都不想要了。"

也有人说："你应该跟他好好谈谈的。"

方志敏说："我已经跟他好好谈过了……"

黄镇中不想跟任何人谈。他说他们穿一条裤子，他说你看看他们那德行你就知道他们是一伙的。跟这些人不能有客气讲，就要给他们些厉害看看。有人就说你能怎么给他们厉害看看？黄镇中就说我们黄家可是出了个黄巢的呀。人家两只眼顿时大了，说你是想造反呀？黄镇中却很认真地说是那么回事，不造他们的反难道请他们吃饭？他说的话跟几年后那个伟大领袖说的话有些相近，其实方志敏和黄镇中其后几年也做了农民运动的领袖，他们确实有那种体会。

黄镇中向来个性倔强，为人耿直，心里藏不住事，性格里本来就有一点点好斗，再加上正处于易于冲动的年纪，你想，这一切，是不是足以让他惹出事端来？他们给他个外号叫李逵也不是没有缘由的。

事情果然就是那么出的。

邵丁甫贪占的事没查出个结果，青年社每个人都觉得心里塞了把乱草，这把乱草塞了有近一年，他们就那么有些别扭地度过了那些日子，别扭是别扭，但读书是不能误了的，青年社似乎又成了好学的楷模，只有黄镇中一直耿耿于怀，他老说我等就是，我看老狐狸迟早要露出马脚来。

但事实上青年社一直没抓住邵丁甫的马脚，如果说姓邵的打那以后收敛了许多，不如说他变得更狡猾阴险了，不仅他，那些劣绅也都做了缩头乌龟。他们似乎像事先说好的一样，竟然比先前安分守己了许多。

要是不发生后来的事，黄镇中真担心事情就这么歇黄了，而那些老爷们也可能依然高枕无忧地做他们的老爷。可似乎注定了这一年世界要发生大事，国家要发生一些大事，这是个多事之秋唉。这就注定了这些血性青年有事情可干，会有一番大作为。

政府做了一件卖国的事，这么多年政府一直做着卖国的事，可现在是民国了，就再也不会像清王朝那时百姓由了皇帝宰割，就再也不会只是朝廷的天下，民族民权民生，百姓有脑子了，有嘴有声音了。政府和日本人就山东问题秘密换文，承认东洋人在山东取得的特权，消息传来，人们不能再沉默了。

黄镇中一直窝着一肚子的无名火，他窝了有大半年，这回好了，这回他觉得有发泄处了。他很亢奋，他说上街去上街去。他们就上街了，他们上街作演讲，黄镇中最为积极。他站在高台子上，挥舞手臂。他说日本佬不是什么好鸟，是小人！他说这帮小人赚着中国人的钱，还想霸占中国人的地，想得中国人的天下！他说日本人真他娘不是东西，几千年来在我中华面前乃一小徒，偷计学艺，才得有一点雕虫小技，竟然狂妄自大，不知天之高地之厚，更不知脸皮之厚。汹汹然跃于师傅之上，什么东西嘛！他还说跃于师傅之上也没什么，只算应了那句古话青出于蓝胜于蓝，可他竟然骑到师傅头上拉屎拉尿的了，是可忍孰不可忍！……

　　方志敏比黄镇中冷静成熟，他想，现在的矛头是对准帝国主义和卖国贼的，不能盲动，也不能游离了斗争方向。那些日子他老往顾其恒那跑，他看报，顾其恒依然订有那些报纸。方志敏去他那看报，看世界上到底发生了什么事情，世界上发生的事情还挺多，都是惊天动地的大事。世界大战结束了，中国属于战胜国，按理说我打赢了，哥们都该分享胜利成果，可天下荒唐事情真就是有，大家都有份，可你不行，你没份，你没份还事小，德国人在你们中国的那份东西，不应该由你们接手，你得让给日本人。

　　为什么会是这么荒唐？

　　方志敏一张一张翻着报纸，想从那些报纸里找出些答案，毕竟那是英国人办的报纸，那里会有西方列强的声音。也许会有他们的解释，哪怕是强词夺理的解释。可是那里什么也没有。

　　顾其恒笑了。

　　方志敏说："顾先生你笑什么？"

　　顾其恒说："正鹄呀，那些报纸你看过的呀，你那么专注地在里面翻找什么？"

　　方志敏说："我是想知道为什么会是这样？明明我们也是战胜国之

一，为什么我们得不到好处，把德国人赶走了，却又给了日本人？"

顾其恒知道方志敏说的是什么个事，他也愣住了，他想了想，摇了摇头："国弱民穷呀。"

"对！我知道就是这原因。"

"你看你知道了你还问我？"

"列强们看我们好欺负……"

顾其恒点着头，他给他的这个学生倒了杯茶，他说："你喝口茶。"

方志敏没喝，方志敏看着他的这个老师。

顾其恒没说话，顾其恒沉默了，他大概在想，是呀，看着我们好欺负，可有什么办法呢？多少年都这样了，近百年来都这样，你只有忍气吞声，这种事不要去多想，想了心里刀割样难受。只有埋下头来好好做学，你没实力你永远被人欺，只有发奋读书，实业而强国，强国而宵小不敢欺。

可顾其恒没把这些说出来，他不是没说过，可从来没说服过方志敏。他不知道方志敏脑壳里转着的是些什么，他总觉得这个聪慧的年轻人本来可以读出些名堂的，可弄什么青年社，有些事可以睁只眼闭只眼的，可偏偏要较真。他也知道邵丁甫有贪占的嫌疑，可这种事走出门哪都是，学生们真是单纯不知道社会风气就是如此，做官取财，似乎已是世人默认的事实，哪用得着大惊小怪？

顾其恒说得对，有人对这些事大惊小怪，更是对日的卖国行径忍无可忍。

青年社要做的第一件事，是响应来自全国的抵制日货的风潮。

那时候，日本货已经渗透到了中国的每个城镇，尤其是日用百货。刘庚子也有那么几样东西，东西不是太值钱的东西，但每天却缺不了。大家都收拾了那些日本货，大包小包的，他们准备拿到城里去，他们要作演讲，他们也要游行，然后当众把那些日本货烧了砸了。

二、抵制日货

刘庚子有些犹豫，他想，这么好的东西，平时他都舍不得用，连搪瓷都没碰坏一点点，可现在说砸真就砸了？刘庚子有点那个，他突然觉得自己六神无主，这有点可笑，可在他好像也似乎较为可能。那几样东西还是祠堂里作为奖赏分派给他的，为此他还好几个晚上没睡过觉，他们家几代人用的都是竹器木器，都是自己进山砍了竹木打制的，哪用过洋东西？

那是他的宝贝。

可现在宝贝要拿出去砸了，他实在有些舍不得。舍不得的刘庚子做出个决定，他把那只日本笔盒放到墙洞子里了，他又把那顶日本毡帽商标剪了，那只铜盆就没地方藏了，他咬了咬牙决定把那东西交出去。他用一块旧油皮将那盆包了，背在肩上，站在往街子上去的队伍里。

心里有鬼，刘庚子看人时眼光就不对了。

黄镇中说："庚子，你怎么了？"

刘庚子笑笑，那笑也不对劲。可大家并没太在意，他们想，可能是太兴奋了，刘庚子没睡好哩。他们不是也一样的兴奋，好些人都没睡好哩。

秦盛科也没睡好，他回了秦府，一晚上骚动不安，奶娘跟太太说，"保伢怎么了？"太太也很担心，不要是惹了什么病？她问，问不出，秦盛科神情却有些诡秘。儿子说："娘我没事。"

但第二天一早，太太发现儿子早早地就不见了，和儿子同时消失

他们真的又去了几趟街子上。乡绅们不敢伸头往外看,学生伢崽的游行很见场面,举着旗,喊着口号,甚至还唱着歌子。开始时人不多,走走就走出阵势来了,那些男女,看看就看出"激昂",就走入队伍里了。

的有家里的几样物什。

奶娘说："是少爷拿走了，少爷说不要跟你们说。"

管家说："怪了，少爷拿那些个东西做什么？"

太太说："是怪，这事我去问少爷，你们不要跟老爷说。"

太太当然不会问，问也没用，许多天后，太太间接地问起这事，少爷说："我烧了砸了！"太太愕然："好好的东西你烧了砸了？"少爷说："就是，烧了砸了。"太太跟管家说："这事不必跟老爷说了。"

秦盛科确实是烧了砸了，他把家里的日货能弄来的都用个包裹裹了，那天背上了街。街上人山人海，街巷上传说学生伢崽上街了，他们要烧日货。他们要弄事情。那时候，难得有热闹事情，大家就都拥上了街，他们不相信学生伢崽要烧日货。结果学生伢崽还真从各自背上的包裹里掏出东西往火里扔，烧不动的硬东西就用石头砸。

刘庚子也往前挤着，准备往火里扔那包东西。但扔的时候秦盛科拦住了，他说："你就这么点东西？"

刘庚子说："我……我都拿来了。"可他语气和眼神却让人不相信这是真话。

秦盛科说："不对吧？"

方志敏过来，把刘庚子那包裹丢到了火里。说："快点弄，待会还得演讲。"

那一天县城里很热闹，这地方人第一次看见有人把好端端的东西砸了烧了，很多人第一次听到那四个字，"抵制日货！"他们有的很漠然，有的却很诧异，也有感觉新鲜的，更有人觉出惊恐。

惊恐的当然是些富户，他们觉得这些细伢俚不可小觑，他们觉得这种事太让他们震惊了。他们不是说抵制日货这事，抵制日货对于他们来说未必不是好事，他们有的人对日本人也很看不过去，小日本快骑到中国人头上来了，是要给他们点颜色。当然也有店家销售日货的，他们多少有些损失，但他们也多少有些爱国心的，损失就损失好了，下次不进日本货了。他们无所谓。他们担心的是这些初生牛犊，这些细伢俚，这是帮天不怕地不怕天王老子也不怕的人，现在他们是针对的日本人，可难说今后哪一天就会把火烧到他们这些人头上。事实上他们的担心是有道理的，多年以后，正是这帮细伢俚把赣东北搅了个天翻地覆，他们中的很多人在这些细伢俚手里家破人亡。可那时他们不知道，他们只隐约的有许多的担心，他们忧心忡忡。

正因为这份担心和忧恐，他们又一次纠集在了一起，他们议事，这事很重大。他们觉得现在这批年青后生已经快疯狂到了让人忍无可忍的地步。他们觉得应该有个办法阻截他们的这种行为。

邵丁甫自上次与方志敏他们交过一回手，虽然没能抓住他什么把柄，可却把他弄得惊魂难定。现在他学得乖了些，他做缩头乌龟，他在学校里待着，不出望江楼的门。

有人颠颠地来对邵丁甫说：那些老爷们请你去喝茶。他就说：你看你看，学校成了什么样子嘛我走得开？学生们上了街，邵丁甫不去劝阻。他说：你看你看，他们那样是劝阻得住的吗？劝阻那是火上浇油，这种事全国都在弄，北平上海他们也都在闹学潮，连皇城根下皇帝老子都管不了，我管得了的吗？

他这么一说理由似乎很充分，他躲着不出门，那些老爷们也就没办法，你能架了他绑了他去？老爷们心里直嘀咕，他们摇着头淡淡地笑着。

有人说："他娘，真是烂泥糊不上墙呀。"

有人说："老奸巨猾，缩头乌龟一个……"

有人说："随他去了随他去了，以后不要再到我们面前哭爷喊娘的了，以后不要再找我们了，找也没人理他的了……"

最后，还是秦家老爷说了句："是呀随他去，少了张屠户，不吃混毛猪，再说他来了也帮衬不上什么，说不定还会坏我们的事。"

他们在那喝着茶议着事，他们想出了几条对策。他们的对策由张念诚说了出来，他说："我归纳下大家的意见……"

张念诚有模有样地说道："其一，弋阳地处一隅，离省城较远，要想法引起省府乃至国家的关注……这是当务之急，是不是啊？"

"引起重视就会往这地方派兵保一方平安，有军队驻扎那大家就高枕无忧。"他说。

"怎么才能引起省府重视？得有个招吧？"有人说。

张念诚说："那是自然，招我已经想好了。"

"你说说。"

张念诚把头凑近众人，轻声说出一句话。众人连连点头，有人说："这招好，这招好！"

张念诚咳了一下，他咳一声的意思就是提示下面的话更为重要，是重中之重。其实他不必咳的，那时候大家都伸长了脖颈，他们大张着嘴，一字不漏地听张念诚说着那每个字。

"另外，就是要树立我们这些人的权威，我们要多介入政治。"他说。

"现在省里正搞竞选议员的活动，我们得利用这个机会，我们中应该有更多的人参选。"他说。

"总之，我们赚钱当然是重要，但保钱更重要。要保住钱财太平最重要。再说政治也重要，赚了钱没政治不行，没有政治赚不着大钱。"张念诚这么说。

后来，他们就离开了那临江的茶店，再后来他们就各自回到家里，然后，在那些日子里他们分头开始了各自的活动。

三、他们那些天的话题里都是那些事情

方志敏他们不知道，青年社的同学们正沉浸在亢奋中，当街的那堆火，在他们心中烧了很多天。他们那些天的话题里都是那些事情。

"太好了太好了，要是那些日本鬼能看见那堆火就好了。"有人说。

"他们看不见，可有人看见了。"有人说。

"呵呵，对，满街人都看见了，这声势这影响，掀江倒海，雷霆万钧。"有人用了那八个字。

只有黄镇中还不满足，他说："一点也不过瘾。"

有人用大眼睛看着他。

他说："那些劣绅们毫无动静。"

"你是说他们没拿出日本货？他们没烧没砸？"

"是呀，他们纹丝不动，好像这个国家不是他们的一样。"

有人觉得黄镇中的话有些道理，抵制日货，没那些富人的行动好像轻描淡写，那帮人家里的日货最多，他们有人甚至一直经销着东洋货，现在都藏了起来，也只是候着风声小下去再拿上柜台。黄镇中说："我就知道张念诚那老家伙家里就不少的东洋货。"

"听说他还要参加省议员的竞选。"邵式平说。

"这种人还能当议员，代表人民？荒唐！"方志敏说。

"对！荒唐！"刘庚子说。

黄镇中说："不行！我们还得上街，我们上街游行。"

他们真的又去了几趟街子上。乡绅们不敢伸头往外看，学生伢崽的游行场面不小，举着旗，喊着口号，甚至还唱着歌子。开始时人不

多，走走就走出阵势来了，那些男女，看看就看出"激昂"，就走入队伍里了。尤其是那些混混闲人，整天游手好闲的一些街痞，似乎学生们的游行很让他们亢奋。他们最积极，他们像过节一样。难得有这样的热闹场面，难得这么闹腾，只要闹腾也就难免会出现混乱，街痞们盼望着有这样的混乱时候，或许还能顺手牵羊得些好处。再说，就是不得好处，看着烈焰腾天的场面心里也会有些莫名的快感。

可那时已经没有日货可烧了，没火，气氛就少去许多。学生们也觉得有些欠缺，可这没办法，能拿出来的那些日货也在第一场游行之后烧了个精光，再有的就是那些居民家中的，尤其是那些富户藏着的，但那不能动，游行得有严格的纪律，不能让一些人抓住把柄，否则游行的作用丝毫不存在了不说，可能还会起反作用。

但街痞们不这么想，他们就喊着抵制日货的口号，三五成群地往一些有钱人家里钻。

"哎哎！抵制日货，你们不知道？"他们朝屋主人喊。

人家说："不是说自愿？"

街痞们就说："是说自愿，没错。就是说你们不自愿是不是？"

对方噎住了，嘴张着，无话好说。

街痞们亢奋了，他们本来就在亢奋中，这下更是心花怒放。他们把才从学生伢崽那听来的话照搬了来。

"哈哈，你们不自愿？抵制日货是爱国行为，是向卖国贼抗议，是向帝国主义示威，是爱国行动……"他们说。

"听见没有，爱，国，行，动！"他们故意将那四字一个一个大声说着。

"你们不自愿，那你们就是不爱国喽？"他们说。

对方脸就白了，不爱国，这罪名可担当不起，再往下推，那就可能跟卖国贼挂连在了一起，那就成了秦桧，成了严嵩，成了吴三桂……成了千人啐万人骂千人所指的汉奸。他们不敢往下想了，想想他们就心惊胆战，他们中有胆小的就立马把家里的日货拿了出来交给了街痞们。

街痞们将那些东西揣了，当然，他们不会拿到街上烧掉，他们贪为己有，水烟壶什么的、刮胡刀、毛料子衣服、香粉、牙具……哈哈，日本人的东西还真好用，看上去也顺眼，他们把东西藏了，待风声小下去，他们要拿出来用，他们不会感到脸红，不会尴尬什么的，他们会堂而皇之地拿，就跟那些东西本来就是他们的一样。

要不怎么是街痞？

学生再次上街时，富绅们的心就揪着，那些劣绅更是心急火燎。他们不知道这场"火"还要烧到什么时候。他们想，总得找个"灭火"的办法。他们一时还真想不出，不由得就急火攻心，心急火燎的了。

第十三章

一、他揣着个阴谋来到县城

那天张念诚又进了城，他在县上有几家铺子，还有些狐朋狗友，他有理由常常来城里。其实这些都不是理由，铺子有人帮他打理，他只在烈桥每月看看账就可以的；那些个朋友嘛，不是前些日子才见了的吗？再说他们也隔三岔五的常去烈桥探访他的。

他真正的目的不是这些。

是因为那个方志敏，自上回方志敏跟他说了那句话：你再不是我的朝爷了。他心里就有东西七上八下。不是朝爷那是什么，他当时就在心里问自己，现在一直在心里问着这句话，是敌人？

敌人？他自己也吓了一跳。怎么会？他一直视他为难得的人才，自己岳父把他看作一方的神童，还曾经建议自己纳这个年轻人为婿，怎么会将他和这两个字联系得上？

看来就是这么回事，他回到烈桥，心里都不得安生。方志敏那模样老在他眼前跳呀跳的。然后变成一摊雾，那雾散去又聚拢了来，聚成了一根桩子，扎他心上，让他时常不舒服。你想，一根那么个桩子钉在心里能舒服？按说，不做朝爷不做就是，又不是你亲生儿子，就是亲生儿子也有翻脸不认亲爷的，何况一个干崽？可张念诚就是觉得不舒服，他是一方的名门望族，且是北乡王，怎么就让一个细伢俚给休了朝爷身份。他觉得有些丢失脸面。他还老记得方志敏跟他说话时那种眼神，继而想，脸面的事小，可那眼神儿可怕，他不是一般的眼神，那里能看出一种东西，是那种让人胆寒的东西，是什么？他说不清道不明，可那东西确实存在，锋芒毕露。他冥冥中有种感觉，这个方姓年轻人注定了要与他张念诚命运搅和在一起，注定了要跟他张家有着某种联系。

不是朝爷了，那就是敌人。

现在想来，也许命中注定了就是这样，他感觉就是这样，想想再想想，不只是感觉了，好像现实里实实在在是那样。怎么不是？从一开始就是那样，好像什么事他都和那个方姓后生说不到一起，从那回方志敏从家里偷拿了三百铜板跑到烈桥他张家老屋求学那会，好像他们就一直想不到一个点上。什么都与他这个朝爷南辕北辙的。按老辈人的说法，他们八字相克。

张念诚想也许真是有那么回事的哩，八字相克。不是你死就是我活。

他真觉得心里隐隐地鼓胀了些什么，不知道是怨恨还是恐惧抑或是忧虑，他觉得自己必须去个地方。

他去的地方是葛仙观，那有个罗道人算八字十分灵验。

张念诚请他算八字，还拈了个卦。他想知道他和方志敏八字中到底呈现个什么状态。罗道人忙乎了好一阵，跟他说了四个字："水火不容"。

也许从葛仙观出来，他就下了那个决心。

不是你死就是我活，他想。

正鹄，那就怪不得我了。他想。

先下手为强，防患于未然。他这么想。

就这样，他揣着个阴谋来到县城，没人知道他心里想着什么。

张念诚坐在自家的铺子里，探头往街子上看去，就看见几个街痞蹿进了街对面的那家南货铺子，张念诚并没在意，看到那几个家伙出来，手里揣着些东西，明白是怎么回事情。

张念诚想了想，想出了名堂。他立马把秦文瑞他们喊了来，他们没去临江的那家茶楼，他们就在张念诚他家里。

有人说："什么事这么急召了我们来？"

张念诚："你没看见学生细伢俚又上街了呀。"

"哦哦！"

"我们得拿出个对策，再也不能让他们上街了。"

"不是都在茶馆里的吗？"

"这事需要保密，这事不能透露半点风声。"

他们就明白张念诚这只狐狸的用意了，他们静了声，他们想听张念诚说出心里那些东西，他们觉得挺神秘，这家伙能拿出什么应急对策，上次不是议好了的，可他偏说那么做慢火炖肉，等不及了。可那急火是个什么样子？

张念诚把他的想法说了出来。

众人愕然，原来如此呀。

"你们说行不行？"张念诚用眼睛看大家。

"行行！当然行。"有人说。

"妙呀高呀，一石三鸟。"有人说。

张念诚说："此计一出，他们肯定上当。"

黄礼庆说："我看放到我那更妥当些。"

"什么？"

"我是说你大纳的铺子就在当街，会让人看出破绽来，看出破绽就前功尽弃的了。"

"你是说让他们到你黄家去？"

"就是，我那院墙高，没外人看见，神不知鬼不觉……"

"不过这要委屈你黄家了，这么的你们家可要受损失。"有人说。

黄礼庆说："你们能那么想就好，反正我们得让学生们老实下来。"

"我个人受些损失没关系，只望诸位在选举议员的事上扶持兄弟一把。"他说。

现在大家恍然大悟，原来黄礼庆这么积极，原来是为了那些选票。不过从眼下来看，也只有姓黄的能胜出，他财大气粗，再者，这么的给学生一下狠的，也足见他的狠毒，谁还敢得罪这个人？不得罪他不如做个顺水人情，那议员就让他去当。

大家想了一会，权衡了一番，众人就都打着拱手。

"呀呀！这么个位置在弋阳一方也只有黄老爷你能坐的。"他们说。

"就是就是，众望所归……"他们说。

张念诚的想法和县城里那些富绅们一拍即合，他们要下黑手了。

二、他突然觉得浑身轻松了下来

街痞们的勾当也引起了方志敏的警觉，在桂花园，九区青年社的成员聚在那个屋里。方志敏提议开个会，这个会之前，方志敏和邵式平沟通过。邵式平也觉得应该开个会，商量一下具体的办法。

黄镇中觉得方志敏的担心有些多余。

"是呀，他们进人家里要东西，可要的是什么，还不是日货？"他说。

"再说藏着日货的那些人也不是什么好东西。"他说。

方志敏说："这些天来大家的行动，已经起到了一定的影响，但也触到了一些人的痛处。肯定会有人找我们的把柄，然后处心积虑地置我们于死地。"

邵式平说："志敏说得有道理，我们得小心。"

彭皋说："已经够小心了，我们不要认为对方惊慌失措了就收手，要痛打落水狗，我们现在让他们惶惶不能终日，足见斗争已经有了效果，我们只有趁胜前进，决不能给他们喘息的机会……"

彭皋说了很多，他说得很富激情，他向来口才也好，也总是处于一种激情中。参加青年社，他的理想的因素少，更多的是觉得青年社能有许多展示激情的机会。他觉得他的激情和口才能在这里得到充分的展示，他觉得这很好玩，奇妙无穷。所以，九区青年社成立，彭皋没想太多就投身其间了。

他的发言让很多人点着头。彭皋的话显然代表了许多人的心声，年轻人大多易冲动，也容易让一些表面的东西弄得热血沸腾，热血沸腾不要紧，但不能头脑发热，可是热血沸腾和头脑发热在年轻人身上很难区分。所以，彭皋的话让许多人赞同。

意见很难统一，方志敏觉得应该暂停所有的行动。

黄镇中、彭皋几个不是太高兴，但决定已经做出，他们也只有这样。再说方志敏说的话，他们还是要听的。

刘庚子有些后悔，他不该藏着那两样东西，要是知道抵制日货是那么痛快淋漓大快人心十分神圣的一件事，要知道街上出现那么一种声势浩大激动人心的场面，要知道能看到那些百姓拥护赞许的眼神受大众拥戴的情形，他就不会把那两样东西藏着了。他想他真是蠢呀，其实藏了只是心理上有那么些作用，你能拿出来用？当然不行，你甚至不能将那两样东西拿回家，你怎么拿，万一叫同学中谁看见了，我刘庚子就羞死祖宗了。

那时，他以为他藏的是两件宝贝，现在，他觉得他藏着的是两个祸祟，他对自己说：庚子你傻哩，你用纸包火。纸能包住火的吗？虽然是小火暗火，但说不准什么时候就把纸烧破了，事情就败露了。

他担心事情败露，有些心神不宁起来，有了种做贼的感觉，他睡不着吃不香。

方志敏注意到了刘庚子的异常。

那天夜里，方志敏又挤过来跟刘庚子睡。

"我不怕鬼了我不怕了……"刘庚子跟方志敏说。

"半夜叫我走坟场我也敢了……"他说。

方志敏笑笑："我不是为这事，我只是想跟你说说话。"

"哦哦。"

"你家出事情了？"

"没呀，我家好好的。"

"你那几样东西，我都给你买过了。"

"嗯？什么？"

"那不是多余了六块银洋嘛，现在有用场了，你家穷，日货拿出去烧了，你没东西用了……"

刘庚子明白是怎么回事了，他觉得眼里又湿糊了起来，他勾着头，不说话。

方志敏说："这没什么，我还愁了那几块大洋花不出去哩，这下好了，大家说给刘庚子买东西，是大家的主意。"

刘庚子说："我想跟你出去走走。"

方志敏说："那好呀，我也想走走的，这屋里闷。"

他们就来到了河滩上，正是初夏天气，微风贴了水面往两岸溢拂着，煞是凉爽，浮桥在夜里很安静，只随了轻波微微晃荡。细浪拍打着浮桥的板木，发出细碎的声响，像是有精怪在水下窃窃私语。

两个人从石级上往下走，然后走到浮桥上，到夜里规定时刻，浮桥会被断开，以便夜里走舟排。那时候，舟排都停靠在码头旁，所以，那会儿信江河道里突然热闹了起来，排客船夫嚷嚷着，他们刚从街上回来，喝得醉醺醺的，也有刚从窑子里出来的，脚软手软，但脸上却溢着满足，他们上了舟排，并不忙了行船，而是将衣服脱了，光着赤条条的身体，有时候就会跳到水里洗那么几下，然后听得见叽喳的说话声。他们走南闯北，这时候在码头上有了交流，说着四面八方带来的奇闻逸事。

方志敏和刘庚子没管那些，他们坐在已经断开的浮桥上，小声地说着话。

"我要跟你说个事。"

"你说你说……"

"说了你会看不起我的，我担心你看不起我……"

"哦，不会……"

"我……"

"你说你说，你大胆说。"

"烧日货的那天，我没把东西全部拿去，我藏了两样……"

"不会吧，我看见你全部拿走的呀。"

"真的。"

"我不信。"

刘庚子听到方志敏的笑声，他觉得方志敏真不相信，他觉得他想哭，他想，他得让方志敏相信，他得摆脱心里那只魔障。

"走！你不信我带你看看去。"

他们走到桂花园那面墙前，那时候大家都睡了，守门的老头朝他们招了招手，"早点睡哟。"那老头说。

他们当然没睡，他们站在那。

刘庚子说："我就藏在这墙洞里。"

方志敏没吭声。

刘庚子伸手进去掏，突然，他觉得不对劲。

"呀！"刘庚子叫了一声。

"怎么？"

"分明是在这的，怎么不见了？"

"在就在，不在就是根本没那么回事。"方志敏说。

刘庚子又掏摸了好一会儿，确信那地方什么也没有。他觉得很诧异，那么个地方没人会注意到的。

方志敏说："好了，庚子，你从没有过那种事，你不要再想那事了，我说了吧，你没有过的。"

刘庚子使劲摇着脑壳，也许方志敏说得对，这些日子经历的事太多，我被弄糊涂了，也许我只那么动过念头，其实没那么做的。他突然觉得浑身轻松了下来，他觉得满身的泥糊突然被什么洗了个干干净净，一身清爽起来。

也许我做了个梦，后来刘庚子只有这么想。好多年以后，他知道那不是梦，那完全是出于方志敏的主意，方志敏是为了保护他。刘庚子藏东西那会儿没想到会隔墙有耳，对，是隔墙有耳，是邵式平，那会邵式平正在厕所里，听得隔窗有声音，他抬头看了一眼，就看见刘庚子往里塞东西。

他把这事跟方志敏说了。

方志敏说："这事发生在刘庚子身上，你我都应该理解……"

邵式平说："我理解。"

"你知我知就行了。"

"我明白。"

"事情要是被大家知道，刘庚子这个人就永远的完了。"

"嗯。"

"这事从没有过。"

"对对，这事从没有过。"

然后，才有了今天这结果，就有了刘庚子做梦般的那种似是而非的感觉。那就是说，里面的两件日货早就叫方志敏和邵式平悄悄取走了。好多年以后，刘庚子才知道是这么回事，他那次又流泪了，那时候他已经是红十军的一名红军士兵，但知道当年的真情后还是大哭了一场，他说："我如果不铁心跟了方志敏我不是人！"

他没有一辈子跟定方志敏，方志敏在那一年的夏天被敌人杀害了，也是那一年，刘庚子跟着粟裕所率的六百余红十军团的战士冲出敌人的包围圈，但有两点是肯定的，那些年里他不再是个胆小的人，他成了个勇敢的战士；另一点是他跟定了共产党，他说方志敏不在了，但共产党在，方志敏跟定了共产党那我刘庚子也一样。

三、他中了他们的圈套

那天是礼拜天，学校像掏空了一样，有了少有的寂静，顾其恒带着那两个信教的学生去了城里唯一的小教堂做礼拜，另一些老师去了邵丁甫家，校长说请诸位老师吃顿饭。学生们也各奔东西，方志敏说已经很久没回家了，另几个也说是这样是这样，我们回家看看去。

黄镇中没回去，他在砌那道墙。黄镇中在村里跟泥瓦匠学过两年泥瓦手艺，他并不是觉得那么处塌墙去找泥水匠来做有些不合算，他并不是为学校省那些钱，而是手痒了，他觉得很久没摸泥工刀手心痒痒得难受。

他说："我来吧，我来弄好那墙。"

邵丁甫有些诧异，他不是怀疑黄镇中的手艺，而是觉得黄镇中的举止有些不可思议。那些天，这个黄姓学生几乎与他水火不容，可怎么竟然主动提出要给学校砌墙？他当然不了解黄镇中的内心，他只觉得这个在他看来粗蛮的学生这一回却似乎格外通情达理。当然，他应允了这个学生。"好好，你愿意帮学校是好事。"他说。

黄镇中全神贯注地砌着墙，手上烂泥稀糊，他就要把墙砌好了，可这时有人喊了他一声，他看去，是城街角那个裁缝店的那个拖着鼻涕的细伢俚。

"黄家老爷让我给你们捎个信……"

"哪个黄家老爷？"

"就是东街那门口挂着两只大灯笼的那个黄家老爷。"

"哦哦，他要你捎个什么口信？"

"他说要把家里的日本货交出来，他说要我跟你说这个……"

黄镇中知道鼻涕伢崽说的是哪个黄家老爷，整个城里只有黄礼庆家一年到头都挂着两只红灯笼，人家只在年节日子里挂，可他却成年都挂。

黄镇中把手里的活放下了，他得去城东黄家看看去，他觉得事情有些蹊跷，他不相信黄礼庆会交出什么日货，日头打从西边出了吧？他想去看个究竟，也许那家伙捉弄他哩，他知道那个裁缝的儿子拖鼻涕伢崽是个老实孩子，不会无中生有跑那么老远的跟他胡说八道。

他走到东街时就看见不太对劲，那些混混儿正出入黄礼庆的家，

方志敏在当天就得到那消息,那时候,他正等着坛里炖着的那只鸡。他娘给他炖了只鸡,娘说正鹄哩你瘦多了,娘杀只鸡给你补补。

他们好像还真的揣着些什么东西。他想，这家伙要交日货可不能交给那些混混呀。

他嚷嚷着："哎哎你们做什么？"

没人理他，那些混混只当他的话是耳边风。

黄镇中急步走进那大门，他想他得找黄礼庆那老家伙谈谈，可黄家似乎空空荡荡的，他朝那几个人喊："你家老爷呢？"

那些仆人只摇着头。

于是，黄镇中直往后厢房走去，他知道那是黄礼庆的书房，他想，那家伙肯定在书房里，就算不在书房里，他也得找到他。可事情并没有像他想的那样，他才走了几步，就听得有人惊喊了起来："着火了着火了！"

他转过身，有人就把他按住了。他挣扎了几下，没挣脱。

"无法无天的了！"他听出那是黄礼庆家的那个管家，他说话那么个阴阳调调。

"什么？！"

"光天化日打家劫舍呀？"

"是黄礼庆叫……叫……"黄镇中想说是黄礼庆叫我来的这么一句，可他没说，他想，他中了他们的圈套，说也是白说。

"你还放火！"

黄镇中笑了一下："你们这么做也太下作了些吧，我就不信真有人信你们这荒唐的勾当？"

其实黄镇中想错了，没有人跟他找证据，所有的证人证词都对他不利，大家众口一词都说是他放的火。

黄镇中就这样被官府抓了起来。

第十四章

一、刀山火海也要上

方志敏在当天就得到那消息，那时候，他正等着坛里炖着的那只鸡。他娘给他炖了只鸡，娘说正鹄哩你瘦多了，娘杀只鸡给你补补。鸡炖得正在火候上，能闻得到那阵阵清香了。一顶轿子出现在方家的门口。方高翥起了个颤颤，还不知道哪家老爷光临家里。轿帘掀开，走出来的竟是个伢崽。

是秦盛科，这回惊诧的是方志敏。

"呀！盛科，你怎么来了？"

秦盛科啊啊着，一时说不出话。

方高翥说："不急不急哟，你喝口水，慢慢说。"

秦盛科端起那只茶盅把那杯冷水全灌落了肚，才终于扯着长气从嘴里蹦出那几个字："镇中他出事情了！"

方志敏又是一惊："怎么会？出什么事？"

秦盛科就说黄镇中如何如何的了。

"有这种事?"方志敏说。

"人都关了有一天了,他们说少说也得关个十年八年的。"秦盛科说。

方志敏跟娘说:"娘,我得回学堂里去。"

娘不知道发生了什么事,她想,总不至于天塌了吧,看正鹄急得那么个样样。鸡汤也喝不成的了。但娘不甘心,娘说:"你事急我不拦你,你喝了碗鸡汤再走吧。"

方志敏和秦盛科各喝了一碗鸡汤,嘴上还留着鸡汤的香味,脚却忙不迭翻飞着往县城里赶。

九区青年社的成员都得到信报赶到望江楼。那时情形有些乱,学生伢崽从没经历过这种事,刘庚子竟然哭了起来,他胆小,他也怕黄镇中吃苦,他还说:"他们会不会打镇中哟……"

他甚至还想到押到河滩上那些死囚剁脑壳的情形,县里隔不多久就会将抓来的山匪杀人犯什么的死囚押到河滩上,刽子手将手里鬼头刀在空中抡个半圆,然后就见扇形的一摊血飙溅在半空,那颗头颅在卵石上滚几滚,龇牙咧嘴。那情形很吓人,但偏对细伢俚有无限吸引力,他们胆子小,但却好奇,连刘庚子都去看过好几回。胆子小是一回事,但好奇更是一回事,人一好奇有时候就会抵不住诱惑。

他说:"他们不会也剁镇中脑壳的吧?"

他说:"那把鬼头刀……"

他不说这些还好,说了,就引起周边同学可怕的想象,一些人脸就灰了,继而转白,白出一种青亮颜色来。

方志敏却很镇静,很多年后邵式平还在回忆录中谈到方志敏的神情,那就是一种大将的镇定,他能将事情很清楚地理出个头绪而不乱了阵脚。方志敏把大家召集了起来。

方志敏说："大家说得对，黄镇中肯定不会做那种事。"

"不错，肯定有人设了陷阱，既然是一场阴谋，那我们就得格外小心，也许黄镇中被陷害只是这场阴谋的一部分，后面有更险恶的用心。"他说。

他说："第一，我们要摸清情况，不要贸然行动。第二，尽快把人救出来，想尽一切办法。第三，我们不能放弃以往的计划，我敢说，有人就是希望我们转移注意力，也许这就是他们的目的之一……"

有人说："千头万绪的呀。"

方志敏说："刀山火海也要上。"

他很冷静地把任务摊派了下去：该有人去摸清况。秦盛科说这事交给我，我爷他跟县衙里都熟，我爷还可以跟他们通融一下，不要让镇中受皮肉之苦；还该有人去民众中寻求声援和帮助；更该有人去接替黄镇中的工作，青年社原定的一切活动照样进行。这几样事，方志敏都一一安排妥当。

方志敏去找邵丁甫，毕竟他是校长，校方有责任过问这事。

邵丁甫已经去过县府那了，他倒也是一派心急火燎的样子。"学校的学生每个人我都当儿子待，我能不管？"

他跟方志敏说："你们不要急，急也急不得的，这事看来并不简单。"

邵丁甫没想到会发生这种事，他当然知道事情并不那么简单，黄镇中是顽劣也激进，但怎么的也不至于大白天做打家抢舍勾当，还放火。这事情发生的有些唐突，有些蹊跷，根本不合情理。这显然有人暗算。不合情理归不合情理，但人已经被他们抓到了官府，他们一切都事先弄好了，他们有"证据"，一定是"人证""物证"齐全的了。尤其那个黄礼庆，心狠手辣，现在又在竞选议员，他处心积虑的呀。他想一箭双雕，既除了心腹之患，又讨好了官府。可姓黄的没想到，这也伤了很多人，包括他邵丁甫在内。

邵丁甫当然知道是些什么人在搞名堂，是那些帮过他的人，但他这一回不能由了他们这样。想想，高等小学里一个学生伢崽大白天打家抢舍放火烧房，我这个校长在干什么？我能逃脱得了责任？走哪儿都丢脸子呀。你们这是连了我一起害了，害得不轻。

所以他倒是颠颠地上下跑。

他给方志敏出主意："你们得想法筹些钱，上下打发得花钱的。"

"我先捐一些。"他说。

"我再发动教职员工们再捐一些。"他说。

"但就这点钱是不够的，你也知道这社会，你就是进牢里见上一面都得使钱，没钱不行的。"

方志敏倒不好说什么了，他点了点头。他疑惑地看了邵丁甫好一会儿，显然那男人的态度让他有些不可置信。邵丁甫的言行完全出乎方志敏的意料。邵丁甫很积极，邵丁甫还指责有人耍阴谋，邵丁甫甚至还提议捐钱，这似乎不像是以往邵丁甫所为。

方志敏决定开一个会，商议一下眼前这些事情。关于邵丁甫的行为，果然在青年社引发了些争议，大家态度各异。

"我看他是幸灾乐祸，我看他是故意那样。"黄琮说。

彭皋说："也许他想有所改变。"

黄琮说："你相信狗能改了吃屎的性子？"

雷夏说："别理那家伙就是。"

邹琦说："这事他作为校长也脱离不了干系，也许他是从自己的利益考虑，才那么做的。"

邵式平看着方志敏，在他看来，这几个同学说的都有道理。也许邵丁甫假心假意表达救援的态度，心里却是幸灾乐祸。要说他短时期里改变了对青年社的态度，那是不可能的。当然，他作为校长，学生里出了这么一件事，他也会受牵连，由此，对此事采取积极的态度也不是没有可能。但他这么做是从自身利益出发，跟我们不是一回事。

怎么对待邵丁甫？邵式平把握不住，他不知道怎么谈论这件事。所以，他看方志敏。

方志敏还是很沉静，他已经显示出一个领袖的素质。很多年后，他在领导农民运动上的成就被另一个领袖肯定和赞赏，并且引以为学习的楷模。殊不知还在学生时候，这个年轻人就有着与别人不一般的成熟。就是在这个会上，他的一番话让邵式平十分震惊，而且一生都记忆犹新。

"邵丁甫对这事的态度，表明他们内部也有矛盾，不是无缝的鸡蛋……"方志敏说。

"这是好事，我们以前一味地猛斗，从来没想到智斗，邵丁甫这事启发了我……"他说。

"我在想，原来他们中间也是存在着矛盾的，我们的斗争可以充分利用敌人内部的矛盾……"他说。

"就是说，我们今后的斗争要讲究策略。"他这么说。

邵式平立刻明白了方志敏的意思，他觉得这个同学真的有许多过人之处，当人们正沉浸在黄镇中被捕的忧思烦扰中，也就是平常人们所说的被一闷棍打蒙了找不到东南西北时，方志敏却能剥茧抽丝，从纷乱中理出如此清晰的思路，真高人呀。

会上，方志敏给大家统一了思想：大家一方面继续寻找邵丁甫贪占证据，另一方面为了营救黄镇中，与邵丁甫配合，解决高等小学学生黄镇中被诬陷的事。

他们还商议了分头去筹钱。

二、这事上他竟然流泪了

事情并不那么顺利，这是方志敏已经想到了的。方志敏一跨进家门就被娘看出异常。尽管他脸上还带着那笑，和平常回家没什么两样，他说：娘呀，田里禾都收了嘛。他说：我们家那芦花鸡婆我看见它在溪边坎上找地方哩，是不是要下野蛋？他甚至还帮弟弟推了一下那磨盘，弟弟正在院里磨豆腐。白白的浆子顺了磨槽淌下来。

看不出他有什么异常，但娘还是从他的眉宇间感觉到了不对劲地方。

娘说，"正鹄你有心事？"

方志敏摇了摇头。

"我看你是有心事！"娘的语气很肯定，她一直看儿子的眼睛。知儿莫若母，确实那么回事。

方志敏点了点头。

"什么事？"

"我需要钱急用。"

"嗯？"

"黄镇中被官府捉了，我需要钱救他出来。"

娘没有问怎么回事，儿子的事她弄不清楚，但他知道儿子不会干什么坏事缺德事。他也知道儿子不会把钱用到不正经地方，甚至多少年来，儿子根本没提钱的事，要钱也是为了读书。正鹄在娘心目中就是那么个人，除了读书，好像正鹄没什么花钱的地方，他也把钱看得很轻。数年后，儿子被官府悬赏捉拿，告示上那话说得吓人，把正鹄说的十恶不赦，但娘始终坚信儿子是清白的，不仅清白，还站得端行得正。再后来，娘也知道儿子在那个寒冬在怀玉山被两个兵抓着时，身上就只两个铜板。当时士兵们就不信，这么大个官，就两个铜板？又不是花出去了，围在荒山野岭里月余，他上哪花钱去。没花掉，他身上就这两个铜板？鬼信。他们不信，他们打死都不肯相信，但娘信，娘知道正鹄是个什么样的人，娘相信世上有甘于清贫的人，那就是儿子正鹄伢崽。别人他不敢说，但儿子绝对就是那么个人。

娘相信正鹄来家要钱办的是正事。

娘把方高翥叫了来，他跟老公说了这事，方高翥是个厚道人，他说不出个什么，在儿子面前他也一样，他有些木讷，不住地搓着巴掌。

"哦哦……"方高翥听着儿子说着黄镇中的事，那些细碎的词像些虫虫从两耳间穿过，才进去就出来了，无影无踪。其实他听不听不重要，他个厚道人弄不清那些世事，儿子说什么就是什么。这些年来，儿子越来越大了，儿子似乎成了这个家的家长。

方高翥点着头。

娘说："你爷没意见，但家里那点钱是留了你读书用的。"

方志敏说："说了我现在急用。"

"哦哦……"

方高翥把家里的那点积蓄拿了出来。

方志敏说："就这点钱吗？"

"就这点了。"

"全拿出来了？"

"全拿出来了！"

方志敏不再问了，他看着那二十几块大洋，觉得还得有许多事情要做，其实他应该想到的，这么多年来，爷娘和一家人勒着裤带供他读书，他在学堂里自己不赚钱，还耗着家里的钱财，爹要起早贪黑的做活，贩茶叶，应对着各种莫测的风险，茶要卖不出，就只有贱卖了，想多弄几个钱常常提心吊胆的。

方志敏心里有些那个，他不能对爷娘说个什么了。他说不出。

倒是娘替他揪着心，娘觉得心里很难受。其实方高耈心里也一样，很难受。觉得做爷娘的拿不出钱，儿子受委屈了。只怨正鹄没生在个大户人家家里，要力气，要命都行呀，可是爹没钱。方高耈那么想。

夜里两公婆睡不着，他们商议着，他们觉得不给儿子弄到钱，心里有块大石头搁不下。

"我们找他五叔去。"娘说。

"我们说借就是，又不是不还他，我们说急用。"娘说。

方高耈咳了两下，女人听出丈夫的为难。女人也知道方家老五那人的脾性德行。女人想了想，叹了一口气。

"那我们还能有什么办法可想？"

男人说："是没别的办法了。"

"去找找五弟，也许他看在兄弟情面上能援手。"

"那还有什么办法呢？"

"他也是方家祠堂的后人，你还是他哥，正鹄是他亲侄呀……"

男人说："也许吧……"

方高耈以为正鹄去县上读书了一切就鲤鱼跳了龙门，咬咬牙积攒些钱熬过这三两年的日子就都会好起来。但方高耈没想到会有这么多的事。张念诚来过湖塘几次，每次来脸上颜色不顺畅，每次来都是为了正鹄的事。先一回张念诚说正鹄这么了那么了，反正在学堂里不做正事。后一回说正鹄跟校长作对，哪有学生跟校长作对的？天地君亲师，师父师父，一日为师终身为父，怎么的跟师长作对的呢？再一回来张念诚脸是黑的，长气一口短气一口地扯着："他不认我这个朝爷了，他不认了。"张念诚说。

"不认了不认了吧，我也省了操这份心了。"张念诚说。

"烂泥糊不上墙呀。"他说。

方高翥每回都赔着笑脸，他不知道该说些什么。他支吾着，一脸的尴尬，像是欠了人家多少钱财似的。他是个老实人，老实人碰到这种时候大多只有沉默，他能说什么呢？他对儿子的行为十分的不理解，放着张念诚这样的大户，是多少农家子弟要高攀了做朝爷的呀。人家看得起你认你做义子，人家帮过你的忙，人家对你寄望很深，你怎么说不认就不认了的？张念诚什么人，县里能呼风唤雨的人物，人称北乡王的呀。你一个细伢俚跟人家斗个什么？

方高翥十分的不理解，但他从来不说儿子，他不是不想说，每次张念诚的到来都让方高翥心里积郁了许多的东西，他想他得好好教训儿子，可每次儿子回来，他一肚子的话就烟消云散了，他觉得儿子那神态那气度，全不是个忘恩负义狂妄自大的小人。既然不是，那还用得着说吗？

儿子越长越大，那种神态气度让他觉得自己越发的像是对不住自己的儿子。

方高翥是个本分人，本分人都爱面子，细微的小事也显得十分谨慎小心，生怕被人指戳。老实人和调皮顽劣者的区别就在于脸皮，老实人脸皮薄，调皮顽劣的人脸皮比猪皮厚，他们不怕非议，不怕指戳和口水。

脸皮厚些的人天不怕地不怕，所以能有更多的机会得来钱财，比如说他们做生意不讲信用，赖账，欠人钱不还，哄抬物价，卖空买空……但本分老实人做不到这些，做不到这些你就赚不来钱。世道就是这样。

方家的老五方高雨就是这么个不老实的人，世上的事往往让人无法解释，同一个爷娘生的崽，可方高雨就和他的几个兄弟完全不一样，尤其和方高翥在性情上更是南辕北辙。

方高雨是湖塘的财主，但作为二哥的方高翥最看不惯他也看不起他。

所以，方高翥要去五弟那借钱有些为难。

那个早晨，方高翥终于鼓起了勇气，他走进了五弟的院门。

方高雨一愣，不知道他二哥突然地到他家来为个什么事情。

"二哥，你有事？"

方高翥不想绕圈子，一是一二是二地如实说出来算了。他是哥，他不想在五弟面前露出低三下四的什么来。他想这事干脆些，他想这事早些结束的好。

"哦哦，借钱呀……看二哥你非得自己来吗？支个人来说这事就是。"

"你是说愿意借了？"

"二哥开了口我能不借的吗？不过……"

"什么？"

"不过钱用在什么事上得有个说明，方家的钱不能用在歪地方了是不？"

"你是说……"

"二哥，我也没个什么意思，我是说得把钱的用途说个明白。"

方高翥说："是正鹄要急用。"

"正鹄一个学生伢崽，什么个事要借那么多的钱急用？"方高雨说。

方高翥老实，方高翥要说自己借钱也没什么，他一个做弟弟怎么的也拉不下那张脸来不借的，脸皮再厚也没法拉下那脸，族里长辈会有说法。但方高翥老实，他把正鹄借钱的原因一字不漏地说了出来，说出来那就不一样了，方高雨"啊呀"了一声，摇着那颗小脑壳。

"这不妥吧，二哥。"方高雨说。

"你看一来正鹄这钱用场不对，那人被官府抓进了牢房那肯定是有什么事，没事会抓了坐牢房？"他说。

"二来，就算是被冤枉了那也是别人的事，正鹄伢崽你多管个闲事做什么？"他说。

方高翥呵张着嘴，他说不上话。

方高雨那婆娘也适时地插话了。

"二哥吡，这事使不得的呀，正鹄伢崽也不知道怎么想的，借钱用到这事上，那是惹火烧身的呀。"那婆娘说。

"没听说过花钱买祸的。"她说。

"不行不行，我们不能让侄往火坑里跳！"她这么说。

方高翥两手空空回到家里，那天他茶饭不思，找不着钱，觉得对儿子亏欠了许多，再看见儿子那焦心的一张脸，自己也觉得心里牛踏马踩的不是滋味。

方高翥蔫蔫的，他只埋头抽烟。

方志敏说："爹，没筹到钱也就算了，再想办法，不必长吁短叹的。"

"是爷没本事，是爷对不住你。"方高翥说。

方志敏那会儿心里难受极了，他想到父亲去五叔那的情形，他知道父亲这么个老实人迈进那家人的门多不容易，也不知道父亲是下了多大的决心才跟五叔开口的，可是，钱却没借着，父亲的心里会是什么滋味，儿子是知道的。父亲付出了太多。

方志敏觉得眼帘上湿起来。

他流泪了，他很少流泪，但这事上他竟然流泪了。那时候夜已经把那张黑的巴掌严丝无缝地遮罩了整个天地，天上没有月亮，有零星的几颗星子出现在天幕上，看去像是被谁戳破的几处针眼。屋里没点灯，娘有意那样，娘有意让黑暗遮掩住一些什么。屋里也很安静，屋外草丛枝叶间蹿跳着的蛙鸣虫噪从狭窄的窗口和门缝里挤进来。方志敏觉得脸上那两行"湿润"像两条虫子，在他脸上攀爬着，一直爬到了他的骨头缝缝里。

他只抿着嘴，捏了捏拳头。

三、管家抖抖索索地把那三十块大洋摆成扇形整齐地码在那地方

秦盛科的"筹款"虽然也不顺利，但结果还算可以。

秦盛科跟秦家老爷说："爹吧，我要钱急用！"

秦家老爷说："你要多少？"

"我要三十块大洋！"

秦家老爷拎着灯，把儿子的脸上下看了一遍，说："盛科呀！你要那么多钱做什么？那不是笔小数目。"

"你别管！"

"吧吧！看你说的，那么大笔钱，你个细伢俚要拿去，拿去做什么，做爷的能不管？"

"你给是不给？"秦家太太生了五个，就秦盛科一个儿子，他在家里骄横惯了。

"你得说个明白呀，不是爷不给，凡事总得说个明白，不明不白的爷不放心。"

秦盛科也把缘由说了出来，他也不该说的，这种事情能说吗？秦家老爷听了儿子的话把嘴张得像只烟盒，半天没合上。

"鬼哟，这怎么使得吧？！"秦家老爷说。

"你说使不得？"秦家少爷说。

"别人的事你使钱?"

"他是我青年社的同学。"

"同学同学,又不是你什么人。"

"吧!? 我说了是我青年社的同学!"

"嗯?!"

"你别那么瞪了眼看我,你别那么个样样……青年社的人比兄弟还那个,加上还是同学,同窗之情手足之情也,你嗯个什么?"

"我是说……"

"你不要说了,你说拿钱不拿吧?"

"你听爷给你说完。"

"我不想听。"

"爷是为你好……"

"我不想听!"

秦家老爷搓着手,他左右为难起来。拿钱吧,这么大笔钱丢到水里去了舍不得不说,还说不定惹祸端。说实在的,为了儿子,他舍得钱,钱不算个什么,丢水里就丢水里了,博得儿子一个笑就行了。可这事没那么简单,不是一个笑几个笑的事。张念诚心狠手辣,这回给那学生伢崽定的罪名不轻,光天化日带人私闯民宅打家抢舍放火烧屋……这还了得? 这是杀头的罪,在过去要株连九族的。那个伢崽惹下这么个祸端,谁还不躲个远远的,你个盛科伢崽鬼打了脑壳呀,偏往屎臭尿骚的地方去?

可秦家老爷不敢把这话说出来,这个儿子是他掌上明珠,一直宠着惯着,这么说话儿子会受不了,受不了少爷就要泼使性。秦家少爷耍起性子谁都有些怕的,他很独特,地上打滚不说,他还上房上树。上屋揭瓦,上树却在高枝上晃荡。这都是险事情,揭瓦不小心会溜跌下来,上树晃荡更难说会掉下来,那都是不收一条命去也是头破血流断胳膊折腿的事。

谁都怕少爷来这一招。

秦家老爷跟儿子说："你能不能缓几天呢？染坊里那些布才支了钱周转，钱还没收回来。"

"等多久？"

"也就三五天的事。"

"三五天太久。"

"那就三四天吧。"

"不行，我后天就要！"

"那就缓两天，后天爷叫管家把钱给你。"

"那就后天了喔。"

秦家老爷不是没钱，他还是不想把那三十块大洋就那么给儿子，缓两天是借口，他想拖一天是一天，也许拖着拖着事情会有变化，拖着拖着也可能儿子就没了这份兴致热情。秦文瑞就是这么想的。他在苦熬苦煎中度过了两个白昼。他想熬过了这个夜晚也许就好了，白天看着儿子一直好好的，似乎不记得那事了，就是晚饭时候还言笑自如，少爷并没有提及那事情。

黄昏时分，秦文瑞坐在太师椅上，耳边听着夜鸟归巢时的喋噪，心里七上八下的。果然就看见管家急急走了来。

"少爷……他上树了……"

"上树了？"秦文瑞显出十分吃惊的样子，其实根本不是那么回事，他早已料到可能要发生这种事情。

"是呀！"

"哪棵树？"

"是那棵老樟树。"

"天爷！"

秦家老爷腾地跳了起来，颠颠地往那边跑去，那棵老樟树，高不说，树上还盘着一条毒蛇，天爷，这是要命的事。秦家老爷边跑边喊，："拿三十块大洋来！快去快去！"

秦盛科坐在老樟的一根树枝上，夜幕正通过枝叶的缝隙往四面拥淹过来。秦盛科的脸已经模糊不清。但看得见他在晃荡着，树枝发出吱呀的声音，叶和叶摩挲着，则是另一种声音，细碎的沙沙声。有叶子被摇落，飘到秦家老爷的脚边。那时候，树下已经有了灯笼火把，不是一支两支，是十几支，把树荫下那点地方弄得如同白昼。

秦家老爷喊着儿子的名字，他拖着哭腔。

"下来，儿吧！你下来！"

"银洋呢？"

"管家拿来了。"

"我看看。"

"你看不见，管家布袋里哩，你只能听得见。"

秦文瑞叫管家抖了抖那布袋，布袋发出叮当的声响。

"不行。"

"什么？"

"爹你拿出来，你一块一块拿出来放在地上。"

秦家老爷没办法，他叫管家照少爷的话做。管家抖抖索索地把那三十块大洋摆成扇形整齐地码在那地方。

"行了吧？天爷。"

秦盛科跳下树来，他说："你早这样不就什么事也没有？"

"你这讨债鬼……"

"不过树上挺好玩的，我今天才知道，树上有三个鹩哥窠吧。"

秦盛科坐在老樟的一根树枝上,夜幕正通过枝叶的缝隙往四面拥淹过来。秦盛科的脸已经模糊不清。但看得见他在晃荡着,树枝发出吱呀的声音,叶和叶摩娑着,则是另一种声音,细碎的沙沙声。

第十五章

一、我们得用上孙子兵法

秦盛科弄来了三十块大洋，除了他，青年社成员回家也多少弄了些钱来，有多有少。加上先前邵丁甫和教职员工捐的钱，整个凑起来也就百多块大洋。

这些银洋放在屋子里那张桌上，显得非常醒目。

那天晚上，方志敏把大家又召集到了一起。

也就那天，邵式平更加感觉到方志敏的胸怀和谋略，他甚至有些惊讶，他不明白平常和自己共同生活，同在一个屋檐下的这个方姓同学，哪来的这种大智大勇和高瞻远瞩。好多年后他们说起这事，明白那是他们其后的整个革命斗争的一次预演。也明白为什么赣东北地区的农民运动会弄得红红火火，让全国的农运领袖们都心服口服赞叹不已。那是因为从那时起就已经有一个人物在成长。

不过那时候，大家还没认识到这一点，那时候，大家的眼睛被那

173

些银洋所吸引，一百多块银洋呀，他们中的很多人长那么大都没看见过这么多的钱。他们那时被钱弄得亢奋起来，不是见钱眼开的那种亢奋，而是觉得他们的那个黄姓同学有救了，那些天，他们度日如年，仿佛关在潮湿阴暗的黑牢里的不是黄镇中而是他们自己。

方志敏说："钱现在已经筹集到了一些，有的人说，这些钱也许够用的了。"

秦盛科说："是我爷说的，他以前也去牢子里捞过人，他知道……再说不够的话，我还能到家里弄些来的。"

方志敏说："还不只是钱的事，还得有谋略。"

大家看着他。

"现在我们对付的不是一个两个人，是一大批人，他们有钱有势，他们觉得天下是他们的，我们只是些虫虫，他们想捏死我们易如反掌。"

那个晚上，方志敏说了很多，大家才知道，这些天方志敏一直在想着这件事，想得很细很透彻。他说，黄镇中的事不是独立事件。他说，我们的行动不仅只是营救行动，如果那么理解就中了敌人的奸计。他说，敌人除了给我们个下马威外，还有一个目的，就是要我们忙于营救，转移我们的视线。他说，显而易见，我们不能上他们的当，我们不上当还事小，我们得利用这个机会。我们得变坏事为好事，我们也转移他们的视线，在他们松懈的当口找到他们的软肋。他说，打蛇打七寸。

他说利用这个机会，大家就有些纳闷，难道这还有机会？不是我们被动的吗？不是一般的被动，而是十分被动，难道还能有机会？那是种什么机会呢？

很快，他们就知道那机会是什么。

"我们不是简单地把人救出来，我们要利用这个机会使他们的如意算盘落空……"方志敏说。

刘庚子说："那我就不明白了。"

"张念诚他们在竞选议员，如果他们竞选成功，那对黄镇中及我们青年社很不利。"方志敏说。

邵式平点着头，其实这事他也想到了，但他觉得摸不着头绪，想是想到了，怎么个去对付？他茫然失措。

"那怎么办？"彭皋问。

黄琮说："听方志敏的。"

大家的头都往那边扭，小小的电灯泡因为电压不稳，黄不拉叽的一副模样，把各人的影子放大在墙上。没人关心那些，他们将头扭向方志敏那个方向。

"如果能找出张念诚相关的证据，不仅能戳穿其阴谋，揭露其嘴脸，而且能证明黄镇中是被陷害的。"方志敏说。

邵式平点着头，他像若有所悟："这样，他们所谓的竞选就彻底失败了，黄镇中自然也该无罪释放。"

"对！"方志敏很响地说出那个字。

"总之，我们不能因为营救黄镇中而放弃了我们原来的计划，这几件事是绑在一起的，无论漏去了哪一桩，都会牵连到另一些事情。"他说。

"那你说怎么办吧？"有人问。

"对，你说怎么办就怎么办！"大家说。

方志敏说："第一，把这些钱放好。"

"不立即用的吗？"

"不能立即用，也不能让人知道。"

"那这么多的钱放哪呢？"

又是秦盛科站了出来："放我那吧！放我家里，放我家没事。"

"放你家？"刘庚子嘴里跳出这三个字。

"怎么？你信不过我？"

"这么多的钱呀。"

方志敏说："秦盛科说的对，这钱放他家最保险……不过盛科呀，你得保密。"

秦盛科说："这你放心，我爷会叫我们家管家来，我们家管家口风紧得很……这事你放心，你接着说吧……"

"第二，我们暂时把一切活动停下来，我们一心一意上课……"方志敏说。

"什么？"

"要让他们觉得我们已经被吓住了，要让他们松懈……"

"你是说他们松懈我们不松懈……"邵式平若有所悟。

"就是！"方志敏说，"我们得用上孙子兵法。"

"就是就是！"大家说。

二、方志敏拿出了证据为一个混混洗了冤

方志敏去找了王大平。

王大平是弋阳县城混混中的一个，他从小没爷没娘，跟了个做贼的叔长大，除了杀人放火，似乎什么事都做过。他也知道自己的罪孽，常跟人说这么句话：我人死了也要遭人咒的，转世是个牛马猪狗。

方志敏和王大平有点交情，这交情缘于去年发生的一件事。去年五月的一天，高等小学发生了桩窃案，教工宿舍被撬了几间屋，顾其恒等几位先生的财物被偷去了不少。

邵丁甫怒火中烧，竟然有人偷到学堂里来了："抓到这个贼我剁了他手脚。"

顾其恒也很愤怒，被盗的东西中有他的一个怀表，这个县城里没几个人有那种怀表，学校里就更稀罕的了，校长邵丁甫也没有，学校只传达室里有一面老旧的古董钟，传达就靠那敲上课下课的钟。古董钟有些年头了，就像老人，老也跑不到点上，走走就走慢了。隔三岔五的那传达就要来找顾其恒。哎哎，顾先生，你给对对钟。那时候，顾其恒很神气，他掏出表拧几下，放在耳边听听，然后去给传达对钟。你看你这钟又慢了有一刻，你慢一刻不要紧，我们上最后一节课的就倒霉了，得晚一刻钟吃午饭。有时候他会穿上一身洋装，把那根表链很讲究地露在上衣口袋外面。要是节假日，他就那么上街，招摇过市，很招惹一些眼光的。

但这块表却被贼偷了。他想，他得把表找回来，把表找回来那就得抓住贼，抓贼就没那么容易了，抓贼就得找蛛丝马迹，那就得做一回福尔摩斯。顾其恒很崇拜福尔摩斯，在英国留学时就读了关于这个探案高手的不少故事。他觉得那个叼烟斗的男人从头到脚都装着智慧。他想有一天能像他一样该多好。没想到这回机会来了，他得显露一下自己这方面的才能。为此，顾其恒竟忙碌了起来，甚至后来忘记了掉表的沮丧，弄出几分亢奋来了。

顾其恒在发案的现场周边找线索，找找，就找到王大平身上来了。

那天王大平放风筝，风筝胡乱飞，从河滩上飞飞就飞到高等小学了，他在那地方转悠，实际上是在找他的风筝，可看上去有些鬼祟。更巧的是，他把那双烂布鞋丢在那了，那双布鞋他穿了有些日子了，现在穿在脚上觉得像两砣烂布团团，还不如光着脚舒服，没光着脚舒服他就一脚一只把那一双破鞋踢飞了。

不知道是他真的将鞋踢飞到了桂花园顾其恒的屋门前还是别的什

么原因，反正有一只破鞋生生地出现在了那里。其实鞋是踢不了那么远的，极大的可能是一只狗，狗总喜欢叼着破鞋到处跑，跑跑就跑到顾先生的屋门前了。可顾其恒不那么想，或许他也想过为什么王大平死活不肯承认是他偷的，但破鞋就是窃贼留下的物证，更何况王大平又是贼伢崽出身的一个混混，不是他又是谁？

他们把王大平抓了去，他们审那个混混，王大平终不肯承认，他们说这种人打死他他也不会承认的，送官得了。

只有方志敏当时不那么看，他觉得有几点好像说不过去。从那鞋的情形看，走路什么的会弄出声响，贼会穿着那么双鞋去作案？就真是穿了，会把那只鞋丢在现场？就是真丢了，也会丢一双，偏偏怎么就一只？没见过拖着一只鞋走路的。

方志敏留了个心眼，他就去街上作了细致的查访，结果有人证实那天夜里王大平喝醉了酒，在东街那家馆子铺里醉成了一摊烂泥，掌柜的没办法，只好让他挤在几个伙计通铺上过的夜。

方志敏为王大平说了话，方志敏拿出了证据为一个混混洗了冤。

顾其恒没做成福尔摩斯，他还在学生面前丢了脸。

方志敏跟顾其恒说："顾先生这事只有对不住你了，一个人的名誉，马虎不得的。"

顾其恒没说什么，但黄琮却说了，黄琮说："一个混混，再怎么往他脸上抹金他也是黑的呀，可这回你往顾先生脸上抹了灰。"

方志敏说："一个人的名誉，含糊不得的。"

"就是呀，顾先生的名誉学校的声誉，都是含糊不得的呀。"

"王大平的呢？"

"王大平这种人还有什么名誉尊严？"黄琮说。

"他有，他不能平白无故的受冤枉，人都不能平白无故的受冤枉。"

"他自己都不想那什么劳什子尊严，我们替他要？"黄琮说。

"不错，我们得替他们要！"方志敏坚定地吐出这几个字。

王大平很感激方志敏，他想请方志敏去喝回酒，方志敏说谢了，酒我就不喝了。王大平说今后有什么事需要我帮忙的你就吱个声。

没有人相信方志敏会有什么事去找王大平，方志敏当时也不太相信，就是王大平自己也是不相信的。但世上的事就这样，现在，方志敏却要去找王大平帮忙，而且是桩重要的事情。

三、人有个标尺真好

一切都依照方志敏的安排布置在进行着，学校里风平浪静，那会儿，青年社停止了一切活动，他们安安静静在教室里上课。在张念诚他们看来，那一手狠的起到了作用，擒贼先擒王，立竿见影哩。那些学生伢崽是树倒猢狲散了，吓住了镇住了，成了泥鳅了，掀不起个什么浪来。

他们像过节，他们过红白喜事，那些日子疯狂请客。东家吃了吃西家，一家比一家排场，你以为他们真过节呀，你以为他们真有红的白的什么吉事？都不是。他们也不会为了一个小小细伢俚被他们制服收拾而狂欢庆贺，他们虽然欣喜若狂，但他们不会为那么件事喜形于色，处理一个伢崽，在人看来是易如反掌的事，他们花费了那么多的心思力气大张旗鼓地庆贺那不是丢自己的脸？

他们那是竞选。

新政真是好，社会也在变革，这真是好。什么都搞竞选，实际上是竞着比着攀强比富嘛，实际上是一次富裕的展览。他们向来不想显财露富招人眼睛，但竞选就不一样了，你得有实力，你得让人心服口服，让国人心服口服的那是钱。再说了，有钱能使鬼推磨，有钱鬼都能帮你推磨，那人呢，人还不都听你的使唤，那些票还不像滚滚长江归大海，哗哗地流入到你这里来了？

这比过节还开心，他们比富，他们一个个攀比着，这是从来没有过的事情，现在突然的弄了那么一下，他们觉得也挺好。过去总是暗暗的比，现在却不同了，是公开。他们排酒宴，帖子像雪花样漫天飞，找着个什么理由就说今天到我家喝酒去。

不仅富人们开心，穷人家也开心。长工伙计突然就有人传话，今天不用出工的了，不用做活，今天放大假，吃大餐。嗯？老爷做寿，太太行喜，少爷做周？……都不是，又不逢年过节？那是什么？

管他什么，歇一天不好吗？何止歇，歇了还有肉吃有酒喝。哈，是多好的事情？当然也有忙的，是那些厨子和女仆，但忙也忙得开心，一派节日景象，能不开心？做活就不是做活了，那像是游戏。

有的就摆个十桌八桌的，有的把自家的场院都摆满了，后来的就不能那么了，竞选嘛，就是攀比呀，看什么选什么？看的不就是实力？富绅们都明白这一点，因此，酒席越摆就越大，从自家的院子里摆到街子上，长长的一排桌子。

那些天，人们都沉浸在酒香和喧闹中。

哈，大家都过节，吃大户，敞开了吃，人人有份。

王大平他们也有份，他们天天嘴上油乎乎的，肚子里咕噜噜的。他们吃得好了嘴巴苦了屁眼。混混们一开心，就忘乎所以，放开肚子吃，他们中平常也难得有个饱肚的日子，就是有，也是饥一顿饱一顿，可这回是狼吞虎咽，撑得眼睛发直，酒肉多了又遭一点风寒，就闹肚子，泻得稀里哗啦地，泻得人都失了形。

王大平也泻了，他提拉着裤子刚从茅厕里走出来，抬头，看见方志敏了。

"哥，你来了。"他说。他叫得很自然，打上次方志敏为他洗了冤后，他一肚子的感激，开口闭口的就叫哥，一个混混，他不知道怎么感激，也没别的什么，就一张嘴了，他得叫声哥。他叫得很真诚。

"你怎么来了？哥。"他确实有些意外，这种时候方志敏突然的来了，方志敏从来没来过这。

"我找你有点事。"

"哦哦，哥，你说你说，我大平能帮的一定帮。"

"你不要对人说。"

"我发誓我不说，说了是狗屎！天诛地灭。"

方志敏把王大平拉到个偏僻地方，那是信江的一处堤岸，那地方很安静，能看得见远山和县城还有蜿蜒而来的河流。

"你上次被人冤了偷钱，不是难受得要撞墙？"方志敏说。

"是难受，我王大平过去也偷过，也被人抓过打过，但也没被冤了那么难受，它是挖心窝子样难受……"

"人不能被冤不是？"

"那是，人不能被冤，被冤了要死的心都有。"

"你知道就好。"方志敏说。

"我有个兄弟也被人冤枉了，被抓到牢子里去了。"方志敏说。

王大平点着头："我听说了，是黄镇中吧？"

"他是被冤枉的。"

"哦。"

"我找你就是想找证据，证明他是被冤枉的。"

"可我那天没去东街黄老爷家……那次你帮了我后，我就不干那么个勾当了，我跟那些排客扛包，有时也跟他们赌钱，赚的钱足够我用，我没干那么些勾当了……"

"我信我信。"

方志敏往江边看了看,那边浮桥上人来人往。人很多,浮桥在水里一晃一晃的。

"可你朋友里是不是有人去了?"

"呀,真有,五干和明禄都去了。"

"你能不能从他们那得到些东西,我是说,能不能经他们的口找到什么证据……"

王大平跳了起来:"对呀,我为什么不找他们呢?行了行了我找他们去,我跟他们说去,他们一定会跟我说实情的,也许真就能找到有用的东西……"

方志敏很高兴,但他更是冷静,他说:"大平,你问的时候要小心。"

"我明白。"

王大平很兴奋,他觉得方志敏这样的人来找他帮忙,是看得起他,他觉得这很好,他当然得把事情办好,他也相信黄镇中是被人暗算。如果真能帮人找到洗冤的证据,也是积德造福的事情。经过上次那场事,王大平觉得自己有了些变化,他从方志敏身上感觉到些东西,是什么,他不知道,那东西看不见摸不着,可实实在在是存在着的。很多年后,他也在九区参加了农会,再后来就参加了红军,这么多年下来,他一直是把方志敏当作标尺的,人有个标尺真好,你就知道自己的长短了,你就知道天高地厚了,你也就知道礼义廉耻了。要跟人说,有人是一只破鞋、一场冤屈改变命运的,这没人会信,但确实有过。但如果有人这么跟王大平说,王大平绝对不会承认。他说,只是经那场事认识了方志敏,后来他就像块磁铁,老把我往他身上吸,老让我感觉到自己脸上有灰,老是想洗脸。还有,那个方志敏似乎有种神奇力量,还把他身上的一点什么激发了起来,连王大平都觉得自己像换过了一个人,他不知道为什么会那样,也许因为看到了自己脸上那些

灰，既然知道自己脸上有灰，那就得抹干净，用什么抹？当然不是毛
巾，是自己的言行。王大平知道了这一点，所以，打那以后他有了
变化。

第十六章

一、人就这么个怪东西

对于方志敏去求助王大平，黄琮始终想不通。王大平一个什么人，混混儿一个，街痞，脸皮厚不说，还翻脸不认人，不就是个无赖吗？一个无赖能靠得住？

黄琮也不同意把事情搁下来，他还想着要上街游行，罢课，他觉得那红红火火有气势。他有些寝食难安，他去找过方志敏。

"什么都讲究个趁热打铁，这么放下搁下，什么菜都搁凉了，歇菜了。"他跟方志敏说。

"我们不是议过？"

"议过是议过，可我还是想不通。"

"那你说你说。"

黄琮就一股脑地把心里所想说了出来。

"我还是觉得王大平靠不住。"

"为什么靠不住？"

"他那么种人……"

方志敏笑了："他是哪种人？混混？街痞？无赖？流氓……"

"就是……他就是那种人。"

"从小处看，不错，他们是混混，可从大处讲，他们也是穷人……"

"这种人靠不住，说不定把我们也连累了，近朱者赤近墨者黑……"

方志敏又笑了。

"你老笑，我跟你谈正经事你老笑。"

方志敏说："我觉得好笑，那话倒可以送给王大平这些人的，他们近朱者赤近墨者黑，你让他们跟了那些富绅劣豪，他们就是一帮走狗；你让他们随波逐流，他们可能就真成匪盗；可把他们往正道上拉，他们也能成好汉英雄……"

"你别那么看着我，难道我说错了？"

"古来多少先例在前，陈胜吴广是不是？黄巢是不是，就是朱元璋怕都是王大平这种人出身的哩，最典型的要算刘邦了，他是地地道道的混混出身。"

黄琮没话好说了，他觉得方志敏的话也没错，是呀，谁说不是？这种人里也有做了皇帝的，你还能说什么？

方志敏说："人就是个怪东西，你不能一时一地说好说坏的，说好时，他突然就变坏了，十恶不赦；才说是个坏人哩，却转眼间成了英雄……"

"人就这么个怪东西……"他跟黄琮说。

这话还真是跟黄琮说的哩，数年后，青年社里大多数人都跟了方志敏、邵式平参加了共产党，少数人却走到了大家的对立面，其中最为典型的就是他黄琮。那时候方志敏领导的农民运动如火如荼，可他却成了靖卫团的团长，领着一帮民团配合官兵屠杀革命群众。

黄琮没有再说什么，可他心里一直没能想通。其实，他加入九区青年社的动机也许一开始就跟大家的不一样，他是为了某种激情，说白了是图好玩。他对上课有着一种说不明道不清的厌烦，他还爱出风头，喜欢出头露面。青年社有活动，那就不是课堂里的事情了，也常常有出头露面的机会。他很乐意这样，因此随了大家罢课，上街游行，演讲，烧日货……尤其是演活宝剧，黄琮最开心也最拿手，他有几分演戏的天赋，一进入角色就亢奋，把角色演得活灵活现，能得到掌声，他觉得那些掌声很好，他沉浸其中很幸福。

可是这一切突然的没有了，他觉得陡然间很落寞，有种失落感。

"是呀，人是个怪东西。"他嘀咕了一声。

他本来还会想下去的，可彭皋闯了进来，彭皋说："黄琮，你爷来了。"

黄琮急急赶了去，看见爷和邵校长坐在邵丁甫家的客厅里，看得出他们已经聊了好一会儿。看见儿子进来，他站了起来，上下好好看了一回儿子，把心放下了。

"爹，你找我什么事？"

"你把爷急死了。"

"你急个什么？我好好的你急什么？"

邵丁甫说："黄琮呀，两天假你没回家？"

黄琮说："没回。"

黄家老爷说："没回你去哪了？"

黄琮说："没去哪，我去省城了。"

邵丁甫说："你看你去省城也不跟家里打个招呼，你爷急死了。"

黄琮跟他爷说："你急个什么？"

黄家老爷说："听说学堂里有人犯事被抓了，爷怕你生事。"

黄琮说："我会吗？你看爷你操这份心。"

邵丁甫说："现在好了，现在他们安静了。"

黄家老爷说："那我就放心了。"

黄琮说："人是个怪东西！"

邵丁甫和黄家老爷都愣了，他们摸不着头脑，不知道黄琮嘴里跳出这么一句话是什么意思。黄家老爷才要问，发现儿子已蹿出了门外。那时上课铃响了，邵丁甫说："他上课去了，你回吧，你放心就是。"

二、人要知恩图报

五干还真知道实情。王大平把事情跟他的两个混混朋友一说，五干就忙不迭点头。

"我知道我知道。"他说。

"你真的知道？"

"嗯，我看见了，我亲眼看见的。"

五干把事情说了出来。

五干只有十二岁，生得瘦瘦小小，看去就八九岁的样子。爷娘死得早，他在叔伯家吃住却受不了那份歧视和打骂，于是跑了出来。他要饭，要着要着就到了县城。他觉得这里很好，就待下来了。

五干和王大平是好朋友，两个人经历有些相似。五干被人欺负时王大平常常站出来，五干说："你是我亲哥。"王大平就笑笑，他兜里有铜板的话，会拿出几个丢给五干。

所以，王大平一说那天的事，五干就把秘密说了出来，要搁别人他不会说的，他对富人家有种难以言说的恐惧，他怕所有老爷家的狗，他当然更怕那些老爷。

那天他也去了黄家老爷宅院，大家都抢着拿东西，他们都挑大件的拿，可五干却看中了两个小件的，他觉得那小东西精致。一是一套东洋牙具，再有就是只八音盒。他拿了套牙具，又往腋下掖了只八音盒。那两样东洋货他看了喜欢，爱不释手，两样都想要。

但他没能如愿以偿，才出门，叫那两个男人把那只八音盒搜走了。那时候，黄家老爷只许他们每人拿一样，拿过的再也不让进黄家那院门。门口，黄家的两个高大的伙计守在那，还有那只大黄狗。

五干不甘心。

五干看到那边的一棵树了。那株苦楝树长得很茂盛，那株茂盛的苦楝树紧挨着黄家宅院的那院墙。五干爬上了那树。

不让进院我爬树总行，我上树。他对自己说。

其实他当然不只是想上树，他是上树视情况而定，要是院子里没人注意到他，要是那墙根下有地方可以藏身，他肯定要跳下去。他想混到人堆里再把那只八音盒拿走，他知道那些同伴，他们都拿大的拿有用的，这八音盒没人要，他们这种人要八音盒做什么？

他没等来那机会，因为那时宅院里人都走空了，好像东西也被拿了个精光，不是拿的，也可能叫黄家的伙计收起了，反正那时院里空空荡荡。

他以为没什么机会了，他以为没什么好看的了，可就那时，他看见那个学生伢崽走进了黄家。他看见那个学生伢崽在院子里待了会，像是向那个伙计打听什么，然后朝屋子里走去。

后来，他就看见那间屋子起火了。然后，黄家喊声一片。

再后来，他就听说那个学生伢崽被人捉了，他们说他放的火。

鬼哟。五干跟自己说，胡说，那个学生伢崽才走进屋，离后厢房远哩，少说也有十来丈远，他能飞了去点火？

但他没说，他知道有名堂，他不敢说，他怕黄家老爷，他怕人问

鸡飞狗跳。

一个男人站在门边的石头旁,他就是黄家老爷的那个大舅。看上去其实年纪并不大,他拈着根烟管悠闲地抽着烟。

众人被那男人的镇定吓住了,嚣响陡然止息。

他你怎么知道？他更怕人说不是那学生伢崽那是谁，难道是你放的火？

王大平说："五干，你得帮我这个忙。"

五干说："这事跟你有关吗？"

王大平说："当然有关！"

五干说："这事重要吗？"

王大平说："当然重要！"

五干说："这事既然跟你有关还十分重要，那我就说出来。"

他就把事情一五一十跟王大平说了。

王大平说："五干呀，你帮了哥一个大忙了。"

五干想不通这事关王大平什么事，很快，他就被王大平拉了走。

"哥，你要拉我去哪？"

"去了你就知道了。"

"哥，你走得太快了我跟不上！"

"你快跟上，我心里急。"

"我想不出这有什么急的……"

"你当然想不出，反正我急……你少说话了，省了力气快点走。"

他们来到桂花园，王大平把五干拉到方志敏跟前，对五干说："你把跟我说的那些跟我恩人说一遍。"

五干就又说了一遍。

方志敏跳了起来，"呀！你说的都是真的？"

五干转着他那小小脑壳，看看王大平又看看方志敏，最后很响亮的说"当然真的，我为什么要撒谎？不是我哥，我本来是不想说的……"

"我为什么撒谎？"他很响地说。

他说得很有道理，他为什么说谎？看来他说的是真的，这让方志敏欣喜若狂。

方志敏说："五干呀，你敢不敢出来作证？"

五干摇着头，他像要把自己那颗小脑壳从细脖子上摇下来。他眼睁得老大，眼里满是惶恐。

方志敏说："你别怕！"

可五干能不怕吗？他战战兢兢地心惊肉跳。他真正不怕是数年以后，他跟了王大平入了方志敏的队伍，那时候他像生了九颗胆，前面是刀光剑影枪林弹雨他也蒙了头往前冲，他一点也不怕。他想，脑壳离了脖颈就碗大一块疤嘛，那有个什么？二十年后又好汉一个。

可那时候他胆小。

王大平对方志敏说："我来跟五干说。"

王大平把五干拉到一边，跟他说了几句话，就把事情搞定了。五干心里还是怕，但五干不能不答应。

王大平这么跟五干说的。

"五干呀，你信哥不？你听哥的不？"

五干说："我听哥的。"

王大平说："哥要有难处，赴汤蹈火你也情愿的……你说过这话。"

"是，是，我说过这话。"

"你还说人要讲义气……"

"那是你跟我说的，你常跟我说人要讲义气……"

"你还说人不能忘恩负义……"

"都是你说的，都是你说的哩。"

"嗯，就算我说的吧，其实是自古圣贤们说的……人要知恩图报，你要讲义气，为兄弟两肋插刀肝脑涂地……"

"我知道……"

"你知道就好……"

王大平抹了一下额头，其实他额头上什么也没有，他就想抹抹，想抹出心里那句话来，他似乎觉得有些为难，怎么的也是让五干往刀口上走。当然，事情没那么严重，但至少人家五干本人觉得是往刀口上走。

"方志敏救过我的命。"

"我知道……"

"那我得听他这句话，我得帮他，我帮不了这个忙，五干你能帮上，你帮他就是在帮哥，哥求你这个事……"

五干跺了跺脚，脸拉了下来："哥你不要说了，你说一句话就是，多说了我不爱听！"

"你说一句就够了，我去！我会去！我去作证！"他说。

王大平说："好！这才像五干！"

"我豁出去了，我不怕！"

"也没什么可怕的，你说的是实话，你又没说谎，你对得起天地良心，菩萨会保佑你，他们不可能拿你怎么样。"

五干点着头，他一脸的眼泪。他有一种凛然赴死的感觉，他很激动。这么个事在别人来说算不得什么，但在五干这么个人就相当不容易了，他长这么大一直都说着谎，他在别人的谎言和自己的假话中长大的，那是他们生存的根本。可这回他得说真话实话，而且是当着那么多人的面说，而且冒着那么大的风险说，他觉得很壮烈，他想哭。他觉得他说一真话真是太不容易，他像往风口浪尖刀山火海上走步一样，他得把脑壳别在裤腰带上，早有必死的决心了。

事情就这么定下来了。

王大平拉着眼圈红红的五干到方志敏那："五干说一定帮你们。"

方志敏没说什么，他拉了拉五干的手。

三、事情出在黄镇中爷娘身上

方志敏那天心里稍微轻松了一些，但他眉头老跳，他觉得会有什么事情，但又觉得这想法很荒唐，这说法来自娘，娘在他小时老叨叨着眉头跳，跳祸福什么的，听多了眉头一跳他就往那些事上想。

其实是有事，事情出在黄镇中爷娘身上。

那天早上，张念诚跟管家说："备轿。"

管家说："去哪儿？"

"武石坞。"

管家很诧异，不知道老爷要去武石坞干什么，那是个小村子，想想，没什么值得老爷去的。他很快就明白了，黄镇中是武石坞人。

张念诚要去的是黄镇中的家，他去找黄镇中父母。那个念头是突然间冒出来的，张念诚想，他得去见见那个学生伢崽的爷娘。他觉得这一奇思妙想是神来之笔，一切都在他的盘算中，他觉得他还得下些力气。

黄家正处在焦虑和哀伤中，没想到烈桥的张老爷会来，张老爷非亲非故的，却上家门来了。

张念诚说："我去葛村，听说你家儿子出了事，我来看看你们。"

黄镇中他爷不知道说什么，他只"啊啊……"他是个厚道人，他当时呆了木了，他有些迷糊。倒是黄镇中他娘千谢万谢的，突然就双膝跪地，朝张念诚磕头。武石坞的人听说北乡王张家老爷来了，都拥到了黄家，他们大多数人都和黄家同宗，沾亲带故，同一个祠堂，他们也焦心这事。

"我崽是冤枉的,我崽说他才进门火就起了,我崽说是黄家老爷叫他去的……"黄镇中他爷说。

"这里面有鬼!"黄镇中他娘停住了哭,她似乎觉得应该说这一句,这一句很重要。

"这里面有鬼!"她又大声地喊了一句。

张念诚说:"是东街开染坊的黄礼庆黄老爷?"

"就是,就是他。"

"哦哦,不会吧?"

"鬼晓得他为什么?我们跟他无冤无仇的,我们又没什么事得罪他的。"

"黄家老爷在漆工镇不是也有家染坊?"张念诚漫不经心地跳出这么一句。

"是他大舅公在这里管着。"有人说。

有人却喊道:"向他家要人!"

"就是就是!向他家要人去!"

人们像是突然从悲伤和焦虑中惊醒过来,他们互相那么看了看,其实他们当然先前都早已往这方面想过,可是有谁敢吭声?这么简单个事怎么会想不到呢?只不过想到了谁也不敢往下想。但经张念诚那张嘴说起,事情就不一样了。张家老爷什么人?他那么一说就不一样了,他们就敢往下想了。还似乎得到某种默许和怂恿,像点着了一把火,忽一下就在众人心里燃了起来。

屋里屋外的人忽一下拥向祠堂,他们看着墙角的那个族老,等着那个人说话。

祠堂里一派肃穆,族老坐在角落里,人们看不清他的脸,但感觉得到来自他脸上的某种东西。族老咳了一声又咳了一声,然后站起来,狠狠地顿了一下脚。

"走!"

黄家人潮水般涌向漆工镇。

那时染坊很安静，染坊里挂着才出缸的各色布帛，风轻拂着，那些布帛飘摇拂荡，漾出一大摊的五颜六色，那种浓重而涩黏的气味，像是也被这颜色翻搅着，充满了周边的每一寸空间。一群鸡在院角刨着泥土，拂起一弥弥尘屑。一只狗懒散地蹲趴在门槛下边，半眯着眼看着鸡们专注的辛劳。

突然，狗和鸡们冷不丁伸长了脖子，侧着耳。

有一阵嚣响随风而来，先是微细短促，渐就大了起来，变得绵长而混浊，再后来尖利而响亮，是喊声骂声哭声和脚步的踩踏声交织的一种混响。那声音随着人流拥入了染坊的大门，飘拂的布帛先是被什么摧枯拉朽掀落于地，然后是杂乱的踩踏。

鸡飞狗跳。

一个男人蹲在门边的石头上，他就是黄家老爷的那个大舅。看上去其实年纪并不大，他拈着根烟管悠闲地抽着烟。

众人被那男人的镇定吓住了，嚣响陡然止息。

"你们把我新染的布弄坏了。"那男人说。

众人面面相觑。

"你看你们弄得……"他像说着别家的事情一样说着。

"天收的……"男人轻轻地骂了一声，他似乎还朝人们笑了一下。

黄镇中的爷心里那种东西被一只手忽一下抽了个空空。很多人都像他一样，身上蔫软了许多。

"我们回吧。"黄镇中他爷对他的女人说。

场面依然静寂。远处的鸡们似乎感受到突起的动乱已经平息，并没有什么危险，恢复了先前的悠闲，咯咯地叫着，黄狗又浪荡了起来，跷起一条后腿在长满青苔的老墙那撒了几滴浊尿。

到底是个刚烈的女人，黄镇中他娘拂了一下眼前的什么，尖利地出了声。

"我不回，我要我伢崽回！"她说。

"啊呜呀呀……"她嚎哭了起来。

"我那可怜的伢崽哟……"她尖利地哭唱着。然后捶打着自己的胸脯，突然又蹲下来揪扯着一块布帛，她很用力，但无济于事。可是这个女人很快发现能达到目的的行动，她举起半截砖头朝那些染缸砸去。

"我不活了！"她说。

"我做人搞不过你们，我做鬼，我做吊死鬼浸死鬼恶鬼苦鬼……变了鬼来抓你们魂勾你们魄……"说着，她真就侧着脑壳要往墙上撞。

她没撞成，她被人拉住了。

再后来，她被镇上警察所巡官抓了去，巡官接到染坊伙计的报告，带了几个乡丁把哭叫着的女人抓了去。

第十七章

一、小不忍则乱大谋

　　方志敏接到这消息吃了一惊，一波未平一波又起，难怪眉头一直跳。就觉得这事蹊跷得很，前一天黄镇中的爷娘来过县城，他们没在这闹，怎么的就在漆工镇里闹上了？那天自己分明跟黄镇中的爷娘谈好了的，不是跟他们说事情由青年社来出面叫他们放心的吗？他们不是也答应得好好的吗？

　　他跟邹琦和彭皋说："你们跟我去漆工镇一趟。"

　　那个姓余的巡官接待了他们，巡官是北方人，操着一口半生不熟的当地方言与他们说着话。

　　"光天化日私闯民宅，这还了得？"他说。

　　"他家出了事情，他儿子犯事了，这刁民泼妇，教子无方，倒闹到人家宅院里去倒打一耙……"他说。

　　余巡官嘿嘿笑了两声："有其母必有其子，你们不说这事还好，说

196

这事我就更不放心了，这么个女人放出来那还不祸害一方。"

"我得为一方百姓想，我得给她一点颜色看看。"他说。

邹琦还想说什么，被方志敏扯了出来。

"我们得想别的办法。"方志敏跟邹琦说。

他们那晚都没睡，他们想了一夜。第二天清早，邹琦把方志敏拉到屋后的那道竹篱边。日头刚从湖塘村后的山坳里刚探出个头，弄一些光斑在池塘岸连接光滑石头上，篱笆的尖顶一只两只的蜻蜓栖在那。邹琦站在篱笆边，有一抹光罩在他的脸上，他往方家老屋那边看了一眼，确信他们的声传不到那个地方。

"我想了个办法。"邹琦说。

"你说说！"方志敏说。

"也只有用这个办法了。"他说。

"你说呀。"

邹琦把那想法说了出来。

方志敏咧嘴笑了笑。

邹琦说："我知道你会笑我，我知道你也想到这个办法，眼下只有这条路最便当快捷，我们没时间跟这个姓余的周旋。"

方志敏想起余巡官那嘴脸，关于他，方志敏早有耳闻，是个贪得无厌的家伙。他仇恨那种贪婪手段，敲骨吸髓，残酷之极，置人死地而不顾。他深恶痛绝。

"我们不能给！我们不能让步！"彭皋说。

邹琦有些为难，邹琦当然理解彭皋的心情，他何曾想这么做？可眼下千头万绪，得一点点清理了。很明显，有人是要搅浑水，有人想让我们顾此失彼疲于奔命，以达到置我们于死地的目的。

我不能不跟彭皋明说，我得说。邹琦那么想。

"我知道你不爱听我的话。"邹琦说。

"那看什么话，你想跟我说什么呢？"彭皋看着对方。

"你是说按他说的办？"彭皋说。

"不行这不行！我们不能向恶势力低头！"他愤愤地说。

邹琦看着方志敏，彭皋也看着方志敏，他们想，只有方志敏能说对方，再说，三个人，只要两人同意那事情就算表决了。方志敏的意见很重要。他们都目不转睛地看着方志敏。

方志敏咳了一声，又咳了两声，然后说："我饿了，我们吃些东西去。"

邹琦和彭皋都很失望，他们没想到方志敏说出的是那么一句话。他们觉得方志敏不应该是这种含糊的人，他们等他的主意可他却说肚子饿了。

他们在方家各吃了一大碗面条。然后，方志敏带着他的两个同学往湖塘周遭走了一转。

"你们觉得湖塘风景怎么样？"方志敏说。

邹琦和彭皋互相看了看，觉得方志敏真还沉得住气，这时候有心看风景。

"不错！"邹琦说。

"很不错！"彭皋说。

"那我们走走。"方志敏就带着邹琦和彭皋顺着那条小路一直走到后山。他们喘着气，坐在那块大石头上，大石头在山坡高处，能看清整个村子。可方志敏没看风景，他看着山脚地方。方志敏的脸很严肃，可看见那几头牛方志敏的脸就松弛了下来。

"你们看。"方志敏指了指那边。

"看见那头牛了吗？就那头颜色最黄的那头。"他说。

邹琦和彭皋点了点头。

"它叫黄秀才！"

"黄秀才?"

"我给它起的,"方志敏说。"它吃草吃得很斯文,它从不跟别的牛抢食,更不会跟别的牛斗。"

"哦哦。"

"五叔家有六头牛,就这头牛老实。"

"你不会喜欢它的。"邹琦说。

"我喜欢!我怎么不会喜欢?"方志敏说。

"它太老实,忍辱负重。"

"可它智慧,黄秀才总能吃到好草,它似乎也懂得那个道理。"

"什么?"

"小不忍则乱大谋。"方志敏说。

邹琦笑了起来,爽朗的笑声在黄昏间的山脚随了晚炊的烟岚四散而去。

"你笑什么?"方志敏问。

彭皋说:"其实志敏你直说就是,你绕了那么远说出你心里的意思……"

方志敏笑了怎么样,他没说什么,其实事实远不是彭皋想的那样,方志敏也一直在做着最后的选择,他其实一开始也不赞成邹琦的主意。他带了他们看风景,心上却七上八下的。怎么能向恶势力低头?怎么能让那姓余的巡警在我们身上敲诈得手?他看风景,脑壳里就纠缠着这些事情。后来,他想清楚了,与强大的恶势力做斗争需要谋略,小不忍则乱大谋,可一时激奋他却做不到,反而觉得这个邹姓同学做得很好,他的许多同学都比自己做得更好。他想,我得克服内心的这点东西,遇事要更为冷静。邹琦说得对,有人想扯出事情,有人想让他们纠缠在这些琐碎中不得脱身。这些人给青年社打死结,让他们一个一个解,要解开这些死结得花时间。有人就是想让他们花时间费精力,然后丢弃了最最重要的东西。他知道邹琦要对他和彭皋说的就是这些。

"我们不能上他们的当!"方志敏对他的两个同学说。

彭皋没话说了,他似乎想通了,没想通他也不好说什么,方志敏表了态,他还能说什么?

他们回了城里,他们找到秦盛科。大洋都存放在秦盛科的家里,他们管秦盛科拿钱。秦盛科都觉得这钱出手得有点那个。但他没说什么,他很信任方志敏,既然方志敏觉得用的是地方,那就应该没错。

二、黄琮一直不服

但有人并不那么觉得,是黄琮。

黄琮也是富家子弟,早期,他是青年社的积极分子,不仅积极,可以说是激进。他觉得有个团体好玩,他看水浒呀什么的小说太多,觉得结社有着一种难以言说的诱惑。再说,他功课很不好,最怕的是考试,他身上应了当地的一句话,癫痫头怕剃脑,学生崽怕过考。他觉得一切以功课优劣为标准自己就失去了出头的机会,弄社团好,弄社团他能显出优势来,他口才好,能说会道,且有一定的组织能力,弄社团他会有出头之日。所以方志敏邵式平提议成立青年社,黄琮第一个响应。

其实根子里他是想做宋江。他没做成宋江,大家拥戴的是方志敏。方志敏有威信,方志敏在青年社一呼百应。他有些失落,后来想想,自己怎么能跟方志敏比?方志敏比自己聪慧,每门功课都在班上排名第一。主要是方志敏还有威信,在高等小学的同学中一呼百应。他想不出方志敏怎么就有这等本事,能得人心。

　　但事实就是那样，方志敏得人心，方志敏一得人心，黄琮就觉得青年社于他失去了大半的意义。其实这也没什么，方志敏毕竟让自己心底服气，失去就失去，心理也易平衡。真正不能让他忍受的是邵式平他们，邵式平他们也越到自己头顶去了。

　　最最不能让他忍受的是黄镇中。凭什么呢？那个乡巴佬也能在青年社指手画脚，凭个什么？论学习，他还不如我哩。论贡献，我黄琮出钱出力都比他多得多。论家境？论长相？论谈吐？论……

　　他想不出黄镇中有什么比自己强的，想不出黄琮心里就充满了不服，不服身上就有什么时时躁动。也许自己就一点不如那姓黄的吧？那就是蛮劲狠劲，黄镇中一身的蛮狠，在人看来也是粗俗一个人。这又不是优点，这恰好是缺点，怎么的他倒能在自己之上？说什么也不该在我黄琮之上的吧？

　　黄琮一直不服。

　　黄镇中被抓的那天，黄琮心里阴阴地跳出两个字：活该。他当然没有说出来，青年社的人分析黄镇中的冤情，黄琮一声不吭。他不觉得黄镇中冤，他觉得那么个粗俗的人进号子是迟早的事，同时他内心有个肮脏的念头也时不时冒出来。他巴不得那个叫黄镇中的人永远不再从那地方出来。

　　所以，当知道方志敏筹钱时，他显得有些那个，但他没说什么，从家里弄了几块大洋来表示了个意思。他不能让人看出他内心的那点东西，他得和往常一样。

　　然后，青年社决定动用这笔钱救出黄镇中母亲。黄琮觉得应该说点什么了，其实他知道说什么也并不起作用，其实他也力主用这笔钱去救黄母，在黄镇中这事上，他巴不得多出些事来，事一多，黄镇中出来就更无望。

　　"这钱花了，镇中怎么办？"黄琮是个狡猾的人，他正话反说。

邵式平说："能怎么办？走一步看一步了。"

"我觉得应该用在刀刃上。"

"多事之秋呀，扣得一个一个解。"邵式平说。

黄琼说："那是。"

三、他笑里有着别一种意味

方志敏和彭皋去办的那事。方志敏没拎那只布袋，他走在前面，他甚至不愿意看那只布袋。本来他决定让邵式平去的，后来想了想，觉得得自己去。

没拎布袋方志敏觉还是得有些不适，那种不适感觉来自布袋发出的响声。

"你不能不弄出响声来？"他跟彭皋说。

彭皋说："你还担心有人抢？"

"我听不得那声音。"

"我也听不得，可怎么的它都有声音，不信你来拿？"

"我不拿！"

"你得忍着。"

方志敏回过头笑了笑，"你说得对！得忍！"

他们拎着那只小布袋去了余巡官那，邹琦把那袋东西晃荡出诱人的响声。

余巡官胖脸上的肉欢快地颤动着，是那种意味深长的笑。方志敏心里涌动着火焰，但他忍着，也那么笑了笑，他笑里有着别一种意味。走着瞧，他想，你不会有好下场的。他心里所想十几年后成了现实。

他一直没忘了这张胖脸，几年后，方志敏在甲种工业专科学校读书时，曾向警察厅投诉处投诉了这个贪婪的巡官，虽然没有什么下文，数年后，他领导的农民暴动队伍冲进了这间警察所，给了这个肥胖的巡官应有的惩处。

黄镇中的娘在傍晚时被放了出来，她不知道方志敏他们做的事。她说："我不信他们能把我怎么了！这些天杀的！"

王大平来找方志敏了。

"什么时候叫五干去作证？"他跟方志敏说。

方志敏笑了笑："大平，你倒比我还急了。"

邵式平说："大平，这事急不得，得找个合适的机会把这张牌打出来。"

王大平说："我怕夜长梦多。"

"你不是说五干不会改主意的吗？"彭皋说。

王大平说："五干当然不会改主意，不关五干的事。"

"那你担心什么？"邵式平看着大平。

王大平说出一件事来。他说："昨天黄家老爷把我们叫去了。"

"哦哦！"

"他们又叫你们拿东西？"

"倒没有，他们叫我们写字。"王大平说。

"写字？"

"他们叫我们写名字，往那些选票上写名字。"

方志敏明白了，黄礼庆那是在拉选票，或者说是在造假选票。省里正在竞选议员，他们都想混迹其间，都在打着选票的主意。方志敏眼一亮，他想到些什么。

"他们叫我们写自己的名字不说，还胡编了张三李四王二麻子什么的往选票上填。"王大平说。

"我担心有事。"他说。

"他要是当上了议员，那镇中不是更麻烦了吗？"他说。

方志敏说："大平，谢谢你，但他们不会得逞的。"

"那就好那就好，那我就放心了。"王大平说。然后，他走出了桂花园。

方志敏把大家找了来，他把自己的主意说了出来。乡绅们都在竞选议员，他们在造假，我们要抓住他们的尾巴，亮出来给群众看。另外，他们这么做，也会在他们中间互相制造矛盾，我们得利用这些矛盾，这是个机会，我们不仅要利用这机会把黄镇中救出来，更重要的是，利用这机会让他们相互狗咬狗。

四、那时候张念诚去了捣药山

那几天王大平很亢奋，他三天两头往桂花园跑，他找方志敏。方志敏屋里那张窄小的书桌上堆了好大一摞书。

"怎么还不那个？"他跟方志敏说。

"噢！你还在这看书，你还有心思看书？"王大平说。

方志敏说："得等个好机会。"

那些日子，方志敏心里很不平静，他手里有张牌，可这牌怎么出？他有些犹豫，他明白王大平的担忧，大平是怕夜长梦多，大平是怕万一有个什么变故而错失了机会。其实王大平不知道，方志敏何尝不担心，方志敏心里也七上八下的。可那时方志敏却知道要选择最佳时机，不到二十岁的方志敏显得老练而沉着。他想得静候机会，要面对的是一群老奸巨猾的家伙，就像面对着一只凶恶的老狗，你不找准机会一

顾其恒端起了那只茶杯，可眼光一直没从方志敏的脸上挪开，他抿了一口茶，接了话说："到最后，还不是一个人的天下？还不是一些人的天下？"

"只有上帝面前人人才能平等。"顾其恒说。

"难说。"

"什么？"

"我说难说，也许俄国人是对的。"

"我看未必，他们不信上帝，他们信奉暴力，他们讲究暴力革命，他们讲究血和火，暴风骤雨……"

棍子打死，那可能就会被反咬一口。

王大平说："我怕夜长梦多，把事情搁黄了，谁知道五干会不会改主意？"

方志敏笑笑，"你说过的，你说五干是你兄弟……"

方志敏那么笑着，笑得王大平有些迷糊了，街上乡绅们张扬得很，你倒沉得住气？

王大平还是不放心，他弄不清什么机会不机会，然后，他老拉着五干去下馆子。

"五干，你可说话要算数。"

五干说没事没事脑壳掉了碗大个疤，哥你看你操心这事？

不仅王大平急，青年社很多人都很着急，他们不是怕五干不守信，他们觉得那些土豪劣绅心狠手辣，既然能栽赃黄镇中，那也可能做出更加险恶的事情来。他们担心黄镇中遭毒手。他们忧心如焚度日如年。

其实方志敏也忧心如焚度日如年。这些天发生的这些事让他始料不及，他以为青年社的力量足以改变许多东西，可是这么几个月下来，除了激昂的演讲和大快人心的抵制日货的行动让人一时激动兴奋外，周边的一切并没有太多的变化。没变化不说，反倒让人家偷袭了一把，局面十分被动。

那几天方志敏一直彻夜难眠。他老往顾其恒那跑，顾其恒那不仅有报纸，他还弄来些文字。那些天顾其恒去了趟省城，他从那带回来些书和杂志。

他去顾其恒那看书。其实他是想在那些字里行间找答案。

顾其恒那些天似乎也在思考着什么问题。方志敏去的时候，顾其恒会扯了方志敏说上几句，他想和他的这个学生探讨一番。他觉得他和这个叫方志敏的学生能说上话，他知道在学生那找不到什么答案，但他想说会儿话。

"你看那些书？"他跟方志敏说。

"你不是也看，你不是老远的从省城买了来看？顾先生看的书都是难得的好书。"方志敏笑着说。

"其实我不该管那么些事。"顾其恒说。

"我只管教我的书就是，一切主会有安排。"他说。

"可你去弄了那些书……"

"我只是好奇，苏俄发生的事让世人好奇，我也一样，我觉得很好奇。"顾其恒说。

"你不是也好奇吧？"他问方志敏。

方志敏说："我不仅只是好奇，我想知道这种社会体制的真实情况。"

"众说纷纭哪。"顾其恒说。

"我看看，我自己看看。"方志敏指了那些书说。

顾其恒说："你拿去吧，送你了，看看也好。其实是一回事，都喊着为百姓均贫富，天下平等，可到最后是怎么个情形？"

顾其恒端起了那只茶杯，可眼光一直没从方志敏的脸上挪开，他抿了一口茶，接了话说："到最后，还不是一个人的天下？还不是一些人的天下？"

"只有上帝面前人人才能平等。"顾其恒说。

"难说。"

"什么？"

"我说难说，也许俄国人是对的。"

"我看未必，他们不信上帝，他们信奉暴力，他们讲究暴力革命，他们讲究血和火，暴风骤雨……"

可是如果面对的是暴力，也许解决问题的也只有暴力了。方志敏想说这么一句话，但他犹豫了一下没说出来。对方毕竟是他的老师，老师嘴里的话当然不是金科玉律，可是如果没有彻底弄个明白，对问题自己还含糊懵懂，方志敏是不会和老师争辩的。

他想他要读那些书，他要弄个明白。

方志敏那些天读完了从顾其恒那弄来的那些书，他甚至动员邵式平他们也读一下，他说，也许人家能告诉我们一些什么。他们读了，他们开始云里雾里的似懂非懂有些模糊，但读着读着就觉得有些云开雾散的感觉。他们想多读几遍，他们觉得就像走夜路，也许走下去他们就能走到个稍稍明朗的去处，要不是秦盛科风风火火地来找他，也许他们就心无旁骛认真地读下去了。

可秦盛科来了。

"他们来我家了……他们……"秦盛科说。

"谁？"

"还能有谁？你朝爷……不，张念诚黄家老爷他们……"

"噢？"

"他们……他们……后天要开大会。"秦盛科说。

"什么大会？"邵式平说。

"他们说要投票，他们说选省议员……"

"他们提前了？不是九月选的吗？"

"谁知道？"

"我们怎么办？"彭皋问方志敏。

方志敏说："是时候了，我们该出手了。"

他跟大家把自己的想法说了出来，然后说大家再想一想，我们得想出个办法来。

他们想了一夜，第二天他们在方志敏屋里商量出了个结果，他们决定，在乡绅们选举的时候当众戳穿他们的阴谋。

第十八章

一、这事可不能等闲视之

张念诚坐在轿子里，他突然觉得想抽一口烟，就点了。那时候，轿子已经到了城门口的浮桥前。他感觉轿帘外的风大了一些，那帘布拂动得非同寻常，缝隙间透过丝丝清凉，他掀开一角，才看见那晃晃悠悠的浮桥了。很快他就晃荡起来，本来就晃荡着的轿子走上了晃荡着的浮桥，你想就是，那会是种什么样的情形？

轿夫小心翼翼，他们走着碎步，他们放慢了步子，他们手把住那两根轿杠，努力着想让轿子尽量平稳一点。但他们那么做纯属多余，那会儿张念诚随着轿子的晃动自己也轻摆了起来。他觉得那样很好，这些天他心情很好。春上，当北京传来那消息，他有过一阵子忧心忡忡，他想，学潮如虎呀，平常人是看不见，但他张念诚知道，那些年轻人肯定背后有人怂恿，那些年轻人血气方刚不说，且代表了一种新生力量。那么些火星，说不定就会被烧成连营大火，果然不久望江楼里就有了动静，方志敏那几个伢崽就闻风而动了。借口爱国，借口抵制日货，其实是冲着权贵们来的。有人说那是小孩子玩过家家，鬼哟，这事可不能等闲视之，表面是看不出什么，表面是些细伢俚在弄事情，其实后果难以预料，使不得万万使不得。

防患于未然。那些天他常跟邑内的那些乡绅们说这五个字。

这么想，张念诚曾也有过那么几回的惊惶，他往县城里跑了几趟，他们常常在茶楼里喝茶，分析着眼下的形势，他们也读报，他们也四处打探，从各个渠道获取的消息让张念诚很快放下心来。

形势似乎错综复杂，是个乱世，可乱世归乱世，事情往往物极必反，大乱而大治的道理张念诚还是明白，弄浑这潭水的人大有人在，但只要不糊涂，你就可以在这潭浑水里摸到几条鱼，不仅只是鱼，俗话说乱世出英雄，聪明的人往往于乱中取胜。

张念诚想从乱中取胜了。

但乱世中取胜得冒几分危险，至少得要动些脑子，因为乱，风险才大，不是你死就是我活。现在是不是出手的时候？就是出手的时候他张念诚用得着站到最前面去吗？不站前，那以后在众乡绅眼里是不是会失去点什么？他七上八下地想着，他想得很细。

那顶轿子晃悠着走过浮桥，他突然心血来潮跟轿夫说不进城了。

轿夫一头雾水："老爷，你不是说他们在等你？"

张念诚说："等去让他们等去，不进城了。"

"那去哪？回？"

"去葛仙观！"

轿夫们心里跳出个问号勾勾，去葛仙观，催了紧赶慢赶的要赶来县上会那些头面人物，到城门口却改主意了要去葛仙观？早不说，这么走枉走了许多冤枉路。但轿夫不敢问，老爷改主意的事不是一件两件。你说去哪就去哪，我们只是你的脚。他们想。

那时候已是午后，乡绅们正各自从家里出来往城里一家叫聚贤台的馆子赶，他们这回约好了没去茶馆，这回黄礼庆说我请客大家喝点小酒。那时候黄礼庆踌躇满志，他觉得他计划的那一切就要如愿实现。那些天他做了个梦，梦见自己成了一条鱼在红红的天空下黄灿灿的水里游来游去。他觉得很疑惑，继而不安。于是请了道士来解梦，道士说：好事吉事走运的事。他说：怎么说？道士说：如鱼得水。道士还说还不仅这些，天红，鸿运当空。水灿，日进斗金如水盈门……

黄礼庆让道士的话弄得迷醉起来，他越想越亢奋，以至得意忘形。他觉得他期望的那些事都唾手可得了。

他想跟众人喝些酒，他也有答谢的意思，更有炫耀的意味。

他找了个借口说给老岳父做寿。

他叫人送了封帖子给张念诚，张念诚看着那张请帖，觉得黄礼庆这时候大摆宴席肯定另有所谋。眼见选举的日子近了，肯定就是为了这事来的。他想，黄礼庆为这事来也有其道理，众人不是答应了人家的嘛，他跟来人说：好我去，跟你们老爷说我一定去！

黄礼庆那一手有些粗劣有些下作，但张念诚认可了，看来这种时候得有那么些非常手段。

后来，大家齐心协力，果然就有了成效，他们很好地对付了那些狂妄不羁的伢崽。那些伢崽很长时间没了动静，现在，张念诚觉得是时候了，他想，那些不畏虎的初生牛犊经了那么几场事也该知道世事的险恶了的吧？哈，好戏还在后头，还够你们喝那么几壶的。张念诚觉得火候已到，应该出牌，在这点上黄礼庆并没有错。所以他决定去赴宴。

但他临时改了主意，他心里老有些淡墨样的痕迹抹不去，他理不清那是什么。在浮桥上晃荡时他隐约觉出那点东西。他觉得他不应该那种时候在场，他觉得黄礼庆只是一只卒子，是只出头鸟，这只鸟可以为我所用，但不能离之太近。人说枪打出头鸟，近则有同样挨枪的危险。

他想他得有个理由，到底他是个极其聪明的人，在城门洞犹疑之后的片刻间他立刻就跳出个主意。去葛仙观。

临江的那家馆子里已经光临了县上那些头面人物。他们也被近来的局势弄得很亢奋，大家谈兴很浓，他们像往常一样，一盅茶落肚，话就像被茶水泡胀的豆芽，疯了一样往外迸。他们边说话边等着人齐落座。

人齐不了，那时候张念诚去了捣药山。

张念诚在凹口就下了轿，他说他自己走去观里。葛仙观的道士认得张念诚的，老远地就迎了过来。

"张家老爷这时候来观里？"

张念诚微笑着作了个揖，然后撩起长衫襟角走上长满苔藓的石级。

"捣药山仙居处，拜谒何分时辰？"张念诚说。

"当然不分。"

"那就是了。"

他们走进观里，观里光线有些暗淡，且在山里，有些阴凉气息。这些正合张念诚意，他觉得这很好，他在那跟道士闲扯着，看见石门当间那轮落日昏昏地沉到谷底。

他第二天走时才跟道士说，师傅，你看看我运道如何？

道士很正经地跟他卜了个卦，然后说了一句：你放心走你的路就是。

张念诚笑了。

二、他想方志敏他们肯定有什么撒手锏

张念诚和道士喝茶谈古论今的时候。黄礼庆他们开始了那场宴席，虽然张念诚没到来，但黄礼庆和众乡绅觉得没什么。张念诚向来是个守信用的人，他说来是一定会来的，没来必定有其特殊的原因。

他们喝酒，他们很高兴。后来，他们就扯到选举议员的事。

黄礼庆举了杯走到黄再坚跟前："再坚，我要专门跟你喝一杯。"

黄再坚也是九区的一个富户，他是黄琮的父亲，黄礼庆说跟他干杯酒是有道理的，那些天，黄琮终于回到家里，他爸很高兴，儿子一直跟家里犯别扭。他爸说你别跟那些穷家细伢俚们结党营社的，对你没好处。黄琮一直把他爸的话当耳边风，黄琮对他爸说，你不让我入青年社我就不读书了。他爸对此很无奈觉得死心了由了儿子去吧，他知道儿子倔劲上来别说撂下书不读了，跳井上吊哇什么的事，他的这个儿子都做得出的。

可没想到儿子自己归屋了，儿子不说话，儿子蔫蔫的，黄再坚说琮儿你病了？儿子说我没病我退出青年社了。黄再坚说你为什么退出了？儿子说你别问我退出了就是退出了。他想，也是退出了就是退出了，管他为什么哩？

黄家少爷退出青年社的消息让乡绅们很高兴，尤其是黄礼庆，他觉得这是个信号，说明那帮短命鬼败了，就算没败吧，至少可以说是怕了收敛了。

黄礼庆给黄再坚碰杯，说："我兄弟就是兄弟，在节骨眼上帮了我，我把这酒喝了！"

他又往杯里倒了满酒，举了，"在座的大家都是我礼庆兄弟，我也得喝。"

有人说："喝喝！"人们觉得来了兴致，人们难得有这么轻松的机会，人们起哄。喝喝！他们说。

黄礼庆称大家兄弟，大家也点着头，他轮着桌，见人都碰杯喝酒。

黄礼庆觉得彻底地摸了众人的底，觉得后天的选举十拿九稳。他那张嘴就收不拢了，话出来，酒进去。

他把自己喝成了一摊软泥。

第二天早上张念诚进了城门洞，街上有人大瞪着眼："咦？念城你昨晚哪去了？"张念诚笑笑："人倒霉盐缸也生蛆，昨天路上轿里飞进一只马蜂，把我脸蜇了。"

"你看你看……"他真把脸探过去指着腮帮子给人家看。

"是啵是啵？"那么跟人说。

那儿确有个红点点。他把谎编得太自然了，人们很容易相信他的话。人们也很容易理解他昨天的缺席。一个老爷，脸肿得那么个样子能来大庭广众场合？那不跌鼓的吗？

"啧啧……"那人啧着。

"没事，捣药山师傅好手段，抹一点他弄的药就没事了。"张念诚说。

"你去了葛仙观？"

"我不去那这脸半个月都会像细伢俚的的屁股，我人不人鬼不鬼的怎么过？"他笑着说了句俏皮的话。

张念诚就那么笑着，轻易就把一件事遮掩了过去，人们告诉他昨天聚仙台发生的一切，他说好呀妙呀，礼庆众望所归，应该会顺风顺水。他还是那么笑着，他很得意，他绕过了这个坎，他没当着众人的面表态，他要的就是这个。高等小学那帮细伢俚没了动静，那些乡绅都沉浸在某种胜利喜悦里，可张念诚却很清楚。他知道那个曾是他义子的方志敏不是这么轻易认输的人，不会就这么悄没声息的就退出角逐。他知道安静意味着什么，他想方志敏他们肯定有什么撒手锏，黄礼庆太小看那些学生伢崽了，他真把他们当作一帮细伢俚了。

张念诚很得意，他想这些天他得看场戏，他坐山观虎斗，鹬蚌相争，渔翁得利。他想明天肯定是个好日子。他就是那么想的，张念诚觉得他才是最后的胜利者。

三、终天等到了那个日子

从武石坞回来的彭皋带回的消息让众人吃惊不小。

"我没见着黄琮。"彭皋说。

邵式平说："怎么会？"

"鬼！他躲了不见我！"彭皋说。

"他爷说他去了省城，我不信，前天我还见着他的就前天……"彭皋说。

"鬼哟，出了远门不打个招呼？说好的，谁假期里出远门都要打个招呼的。"

邹琦甚至有些气愤，他嚷嚷了起来。

"他爷说黄琮不参加青年社了……"

"黄琮他不来了？！"有人说。

"嗯！还有吴天赐和杨九同，他们也不来了……"

"他们都不来了？！"

"不来了……"

"鬼哟!"邵式平狠狠地啐了一口,"这紧要关头他们做缩头乌龟?"

大家都愤愤地骂着,这一消息开始让大家惊愕,继而使之愤怒。

方志敏不动声色,突如其来的变故也曾让他感觉惊诧,那个黄琮,曾是那么的热情,什么都走在大家前头,大义凛然,慷慨激昂。可现在怎竟然看着青年社的同伴身陷囹圄抽身而去,何况黄镇中和你黄琮同一个祠堂,多少还沾亲带故的。不仁不义的呀。他也想骂人,可方志敏没有那么做。他想这三人的离去肯定还有其他原因,他想到明天的选举。

他想,不能因了这事失去理智而乱了方寸,这背后肯定有名堂,这名堂来自那些背后伸来的黑手,张念诚还是黄礼庆抑或是县衙里的某些人?不管是谁,总归是有原因,总归是要影响到青年社,甚至影响到营救计划及整个行动部署。方志敏觉得事关重大,他没骂人,他甚至没有太外露的表情。

他想他得说些什么,那时候大家骂了啐了,都大张着眼看着自己。

他平静地说:"不来不来好了,不来又不影响我们什么事。"

"难道让这点事坏了我们的事?"他跟大家说。

"就是就是!"邵式平说。

"不能因这影响我们,不仅不能影响,我们还得把这事做得更好!"邹琦说。

许多年后,红十军团被数倍于己的敌人围困在怀玉山中时,围兵近在咫尺,生死悬于一线,但作为军团首脑的方志敏仍然十分镇定。就是在监禁中,他仍然能从容淡定,他的平静,总是让人心起敬畏,甚至让人不寒而栗。

"黄琮的事我们很快会找到原因的,但他们不应该妨碍我们的行动。"他跟大家说。

"王大平呢?"他问邹琦。

　　王大平和五干一干人早就来了，那时候他们就在桂花园的草地上。邵式平让他们在门外等着，他们很听话，真就在那等了。他们听得屋里闹嚷嚷的，觉得有些奇怪，那时候他们觉得整个县城都有些奇怪，他们感觉到了某种异常。他们想这么些异常肯定会不简单，肯定非同寻常，肯定会弄出许多从前没有过的新鲜事。他们想有些新鲜事，甚至惊天动地的事，最好是能翻天覆地改朝换代。那多好？他们赤条条的一个人不怕失去什么，他们怕个什么？天下大乱也没个什么。天下大乱真正怕的是谁？他们上无片瓦下无寸土，他们没什么怕的，真正害怕的应该是那些富绅，他们有屋院有田产有店铺染坊什么的。哈哈，弄事去，弄个天翻地覆才好。想到富绅们惊惶害怕的样子他们觉得很开心。

　　想起这些他们很亢奋，而想到这些事有可能来自他们，或者说是在他们参与下发生的，他们更是抑制不住内心火一样的什么在燃烧和激荡。

　　他们期待着。有些急不可耐。

　　这些日子来他们比谁都急切。可方志敏说等等，他们才耐了性子等着。现在，终天等到了那个日子，他们心花怒放，屋里的喋噪就让他们不能安分了。

　　他们正要起身走进屋子，可是看见屋门打开了，他们看见方志敏朝他们笑了笑，听到方志敏朝他们说："走吧！"

第十九章

一、他们觉得他们将唱一场好戏

这好像注定是个群情激昂的日子，另一些人也亢奋着。天是个晴天，六月里的晴朗天气透着一种前所未有的生机。田里早禾恰在扬花，小风吹着那种稻花的清幽气息，越过信江，拂荡了整个县城。

县城东面有座戏台，这座明代的古戏台前有块不小的场坪，戏班子常在那演戏。此地有很古老的剧种弋阳腔，又名高腔，始于元末明初。你想就是，它也算是戏曲界的祖宗了。几百年来，县城里最最鼎沸和喧嚣都来自于这地方，最最具有色彩最最张扬的日子也都产生于这地方。

乡绅们把选举定在这么个地方，一来地方宽敞，二来他们觉得他们将唱一场好戏。他们鲜衣彩服上下一新像过年，脸上的笑如同纸剪的花贴在皮肉上，总是显现在眼角嘴角间。尤其是黄礼庆，他挖空了心思。他叫家丁在戏台下摆了许多的桌子，放置了糖果点心，还有好茶。张念诚和苏礼及县长等重要人物坐在首席。依张念诚意思，他今天不想坐那的，他想坐在个最不显眼的地方，但众人觉得他坐那是"众望所归"，他就觉得自己不那么坐就有些矫情让人生疑了。

也好，我坐这，我坐这看得清楚。他想。

张念诚也那么一脸的笑，他坐在那，认真地品着茶，他喝出那是烈桥的本地茶。鬼哟，是明前茶。他想。就是水有那么几分欠缺。他想。本地茶一点也不逊色于所谓的名茶，关键得有好水。县城的水就不如烈桥的水，这种水泡茶就少了几分味道。也许正因为外地的水泡烈桥的茶走味，所以烈桥的茶一直没有什么名声。

他想跟人说说茶，可他忍住了没有说。要搁以往，他喜欢被人缠了谈天论地，他喜欢成为人们的中心。可今天他想话少一点，有人跟他挑起话语张念诚只寒暄了没有继续下去。

他那么喝着茶，静静地侧歪着那张脸往高处看，古戏台屋檐瓦缝里长着一些青草，那么绿盈青翠的草叶竟然让小风弄得有几分张扬，小风从草叶间穿过，让那些尖细的叶片欢快地颤抖着。阳光明媚，六月的阳光从檐间斜斜地照射下来，就有一抹两抹的光亮烙在张念诚的脚尖上。他把那只脑壳缓缓移动着，目光也从屋脊高处缓缓移到自己的脚尖上。他觉得那光亮有些神秘，在他黑软的鞋面上游移不定，这不由使他心里莫名地跳荡了一下。

他往坪里看了一眼，坪里满是人，县城难得有这么个热闹，且听说还有戏班子唱戏，县上男女老少倾城而出，都往这地方来。一下子把那个原本空阔的场坪弄得满满漾漾，尽是些人。他看了看，没看到那张熟悉的脸。

方志敏他们不会不来。他想。他感觉到今天是个非同寻常的日子，这些天青年社突然的"安分"，让他觉得事情有些蹊跷。他感觉到事情没那么简单，也许那些细伢俚正坐等着一个时机。他有点怀疑自己的这份推测。如果那样，这帮细伢俚就太那个了。后来一想，这也未必不可能，岳父曾经把那个方志敏比作五百年才出一个的旷世奇才，这么个人，什么事情做不出来？

他正沉入自己的胡思乱想中，有人扯了他一把，那是黄礼庆。张念诚说："好，我们开始!"众人推举他来个开场白，他很愿意做这事。他努力地搜罗着赞美之词，将一些美誉毫不吝啬地放在了黄礼庆的身上，而自己则完全地给人一种豁达大度、胸怀广阔之形象。他把那个黄姓乡绅弄得飘飘然起来，把众人也弄得亢奋异常。随着张念诚上下唇片的翻飞，黄礼庆感到一种难言的东西在他内心鼓胀着，他说不清那是种什么，喜悦？激动？感慨？……他细小的眼睛湿润了起来，让他眼前一切变得模糊。

他听到张念诚很坚决地说了句："好吧，我们办正事。"

张念诚说："大家投票!"

"今天真是个好日子呀!"张念诚最后这么说了句。

二、开始行动

方志敏他们确实早就来了，可他们没直接去戏台那。按大家的意思，都想早早地在那占个好位置。他们要看到那些富绅们的阴谋被戳穿的狼狈模样，尤其是王大平他们，觉得事情就像做梦一样，他们跃跃欲试。方志敏说别怕，包在我们手上。他们就真的不那么害怕的了。这事有些怪，不要说当面质证，就是在路上碰面，他们连一句话也不敢跟那些老爷们说的。可现在有方志敏在，他们就觉得有了主心骨，人就是个怪东西，有时候就是要个主心骨，有时候某个人就是一些人的主心骨。王大平他们就是那么想的，他们今天的感觉格外不一样，他们今天要做一件重要的事，他们觉得占着个好位置是必要的。

"怪了……不一样就是不一样!"王大平跟五干几个说。

几个混混有些茫然地点着头，嗯着。

"是不一样，是不一样……"五干说。

"为什么?"

"对呀! 为什么?"五干说。

"你都不知道我怎么知道?"五干说。

王大平问过方志敏为什么，方志敏也愣了一下，说实在，那时候方志敏心里也并不十分明白，许多年后，他终于明白那是个什么道理，一盘散沙也能凝合成钢筋水泥，独木也能构建出坚固屋宇，靠的是凝聚，靠的是主心骨。谁是主心骨? 那时候方志敏觉得是一个人，后来，他知道一个人无能为力，是一群人。这个道理也是方志敏后来才明白的，至于王大平他们，可能一直都没能明白。当然，这并不是个事，他们不明白有人明白就行，他们只要觉得痛快就行。

方志敏带了大家在离戏台不远的地方玩，那有个亭子，后面就是小山，坡上一些树。他们就隐身在那些枝叶间看风景，从那可以看见信江盘绕着那些丘陵蜿蜒远去，江岸树绿草青，一抹一抹的绿似乎从远处漫过来，一直漫入他们的眼睛。

王大平说:"我们怎么在这地方?"

邹琦说:"大平，你别急，志敏他早有安排。"

方志敏说:"大平，你要是坐不住，你帮大家去那边探情况，等到合适时候，你过来告诉我们。"

王大平真就去了，他一会儿颠颠地跑过来:"他们都坐在那了?"

方志敏说:"他们到了，他们在做什么?"

"他们在喝茶闲聊。"

张念诚坐在轿子里,他突然觉得想抽一口烟,就点了。那时候,轿子已经到了城门口的浮桥前。他感觉轿帘外的风大了一些,那帘布拂动得非同寻常,缝隙间透过丝丝清凉,他掀开一角,才看见那晃晃悠悠的浮桥了。

"那随他们。"

"哦哦!"

"有情况你再告诉我们。"

"好好!"王大平又颠去那,那已经聚了很多的人,人山人海的,他伸长脖颈往那边探去,隐约看见黄礼庆几个乡绅。那些脸很得意。得意个什么?一会马蜂蜇肿你们脸,一会戳你们烂疮疤叫你们脓血流一脸。王大平想。也许是那些富人的得意刺痛了王大平,王大平忍耐不住了又往亭子那跑。

"他们一脸的得意……"他说。

方志敏说:"你让他们得意去,谁笑到最后,谁笑得最好。"

"就是,笑到最后的才是好佬。"有人说。

"哦哦!"王大平又哦着,然后颠颠地跑回古戏台那。终于,他听见嘈杂声顿了一下,小下去许多,看见烈桥那个张家老爷开始说话了。

他跑回亭子那,"张家老爷说话了……"

方志敏说:"我们可以动身了!"

"开始行动!"他说。

一伙年轻人来到古戏台,他们跟在方志敏身后往前挤着,他们看见方志敏一直往前挤,挤到最前面,他们也挤了过去。

三、黄礼庆的脸在邹琦那张嘴的呵张间拉成了一根烂苦瓜

投票选议员,在县上还是第一次,众人十分新鲜。那会儿张念诚说:"大家投票!"嘈杂声又漫起了,他们觉得一场大戏就要开始,他们想咀嚼新鲜,就往前挤。

后来，他们隐约听到那个烈桥的张老爷最后这么说了句，"今天真是个好日子呀！"有人真看了看天，天此刻并不像先前那么的好，天上云多了起来，云一多，日头就掩住了，天就有些阴沉了，天像盖了口大锅，一口大锅扣在天上，好天气就很难说了。也许会下雨，要真下起雨来怎么能说是好日子哩？

但很快，人们就没管天气不天气的了，他们投票。

就那时黄礼庆看见方志敏了。他说哎哎大家小心了别挤别挤慢慢来……一抬头就看见那双熟悉的眼睛，那双眼睛正看着他。他愣了一下，扯了身边的张念诚一把。张念诚也看见方志敏他们了，不过他像没看见一样，依然一脸的平静。

张念诚的镇定影响了黄礼庆，他很快镇定了下来。一切都按他们计划的那样进行着。

每次暴雨将至，总会有片刻的平静，在那种平静中，张念诚他总能感觉到一种喘息声，人家听不到，可他似乎能真真切切地听到天空的喘息声。他知道今天会有一场暴雨以及更加激烈的决斗，可他却从方志敏那脸上丝毫看不出一点什么来。往日的义子身上有一种东西，他说不清那是什么，他知道自己的丈人很早就感觉到了方志敏身上的那种东西，岳父大人只说那是国家栋梁的料，但那是种摸不着悟不清的东西。来自方志敏身上的那种东西让张念诚不寒而栗。

但他没有显出丝毫的慌乱，他冷眼看着选举进行着。

场面虽然有些乱，但那几只票箱很快就满了。黄礼庆看到那些选票安稳地到了它们该到的地方，很多人都看着那几只票箱，只有张念诚没有，他像低着头在思着什么事，其实他一直在留心青年社的那些学生，他想：他们葫芦里到底卖的什么药？他知道方志敏今天要来这地方，他们不仅来，且是有备而来，可那些细伢俚竟然不动声色？他知道他们为什么而来，可他们为什么还不出手？

他们坐在相隔不到十米的地方，互相没有对视，但分明感觉到来自对方身上的那种东西。那种东西灼热而尖利。这对昔日的义父义子，此刻却到了水火不容的地步。他老是感觉到来自他们身上的对抗在沉闷的天空下砰然作响。

张念诚那么坐着，把自己坐成一种稳操胜券的样子。

正鹄，你们没多少日子了。他想。

这是你们最后的扑腾。他想。

他就想起鸡，想起鸡在刀下那最后挣扎的情形。他就那么想着，实在高兴自己身上那种饱满的斗志。还有不到一个月的时间，青年社就要作鸟兽散了，这帮学生崽眼见要高等小学毕业各奔东西，本来我用不着跟你正鹄这么的，可你说：从此你再不是我的朝爷了。不是朝爷那是什么？我想了很久，我现在想清楚了，是什么人？是仇人。我张念诚还没个正经的仇人，这很好，有个仇人真好，何况是往日的喊朝爷的义子？

那时候，方志敏也感觉到了某种莫名的快慰。他觉得来自曾经是自己朝爷身上的那种锋芒，这种东西也让他觉得很是兴奋。他有种棋逢对手的感觉。现在想来，他和这个男人一直在下着这盘棋。那时方志敏对一切还不是十分清楚明白，其实他面对着的不只是这个男人，他是在和一群人一个阶级在博弈。但那时他并不知道，其后的很多年里，他开始了和这个阶级的艰苦卓绝的斗争。

他们就那么各自想着心事。

方志敏估摸着到时候了。

很快张念诚就看见方志敏他们出手了。唱票的人在念着选票上的名字，不用说黄礼庆的票数遥遥领先。

邹琦看了方志敏一眼，看见方志敏点了点头。

邹琦跳上了对台。

"癞蛤蟆也能吃天鹅肉?"邹琦说。

邹琦有些突如其来,那句话也说得突如其来,场坪上那些喧嚣像被一只奇怪的手抓捏了突然扔去了什么地方,四下里有了片刻的平静。

"一个阳奉阴违的家伙也能做议员?"邹琦说。

"天大笑话!"他说。

有人喊了:"哎哎!这学生伢崽……空口无凭的喔!"

有人也喳喳着:"就是就是!血口喷人!"

邹琦笑了一下,他说别忙别忙,我们慢慢说。

他真就一点一点把黄礼庆的那些事全都抖了出来。

"这么个阳奉阴违劣迹斑斑的家伙,做的哪桩事是为了民众?民众能选这样的'乡贤'做议员?"

黄礼庆的脸在邹琦那张嘴的呵张间拉成了一根烂苦瓜。

"你看这伢崽!疯了疯了?!"黄礼庆内心漫起一大片的惊惶,他那么瞄看身边的张念诚,他以为张念诚会说些什么,可张念诚没说,张念诚不惊不诧,眉不动眼不眨,风平浪静。

那些乡绅觉得这事有点那个。按说,他们立场上得支持黄礼庆,这符合他的利益,总不能让个不三不四的人来做议员?再说黄礼庆还私下里给各位送了好处,但他们很精明,他们得看张念诚脸色,他们都溜溜着眼珠儿往张念诚脸上瞟。他们觉得那张脸今天有些捉摸不定,他们弄不明白张念诚在想些什么。弄不清他们当然不好说什么,弄不清就表态说不定会横生出些什么事来。他们很小心,他们就是这么个看法。

没人附和黄礼庆。很快,他们就明白那么做十分明智,因为邵式平出现在了戏台上,邵式平抖出更大的秘密。

"那场火,是黄家长工自己点的,有人看见了。"邵式平说。

"何老万你出来你出来!"他朝人群里喊。

何老万没出来，何老万在人群里，他被那个邵姓细伢俚的话弄得魂飞魄散，他膝盖发软跌在了人堆里了。有人扶他，那人说何老万那伢崽喊你哩。何老万摆着手说不出话来，脸煞白如纸。

"王大平你来！还有五干你。你们上来！"邵式平说。

王大平和五干走了上去，他们觉得很英武，那时候他们还有些急迫，没有丝毫的恐惧和惊惶，他们走得很坚定。

"是何老万他点的火！我看见了！"五干那么说。

"是他，是他哩！"五干说。

"狗骗你，骗你们是崽！"他说。他那么往台下看去，人们的脸都很茫然，有人在那里窃笑。五干有些那个，他突然呜呜地哭了出来，他抽泣着。也是，没人要他这么个崽，可五干那神态惹人笑。五干是个混混，平常无赖要混，但现在却为这么个事认真得有些那个。

这样子确实让人忍俊不禁。

方志敏说话了，方志敏说："大家看见了吧？黄礼庆这劣绅为了一己私利，栽赃陷害一个细伢俚，真是丧尽天良！"

"就是就是！"几个青年社的人应和着。

"让黄镇中蒙冤数月，此人当属无耻之徒，竟然还有脸面来竞选议员？"方志敏说。

"出来！让他站出来！"有人喊着。

黄礼庆没有出来，那会儿，黄礼庆像一缕烟一样飘然不见。黄礼庆不知什么时候溜了个无影无踪。

"把人放了！把人放了！"有人喊。

"打倒土豪劣绅！"有人喊着。

方志敏看了看那个男人，他奇怪张念诚依然不动声色，这是他所未曾想到的，方志敏觉得这场面至少会让这个男人有些仓皇。脸上不动声色，但至少会有所言语。可什么也没有。

说话的是那个县长。他是父母官，他得站出来收场。他没想到事情会是这样。姓黄的一个饭桶！这一群人都他娘是饭桶。他在心里骂着。这么个事竟然弄成这样？同时，他也惊讶那几个细伢俚。竟然能从容不迫地处理着这么一桩事情。他想，他此刻必须站出来，他是一县之长，他不站出来事情会不可收拾。

牟县长走上了戏台。

"既然黄镇中实属冤情，本县会妥善办理这事，尽早放人……"牟县长说。

"不行！得现在！"邹琦说。

"对对！既然是冤情，为什么要等到明天，为什么？"有人跟了喊起来。

牟县长笑了一下又笑了一下，他看了看张念诚，张念诚好像朝他点了点头，又好像没点。牟县长自己却连连点着那不大的脑壳。

"好！好！今天就今天！"他说。

他朝那个年轻跟班挥了挥手，其实，牟县长一直在注意着张念诚的眼色，他似乎听到张念诚说着那几个字。"很好非常好！"张念诚说。

就在当天，他们把黄镇中释放了。

四、谁笑到最后谁笑得最好

方志敏是在那个秋天离开弋阳的。

那天，方志敏从湖塘走到漆工镇，然后去了县城一趟。他悄悄地来到望江楼，最后，悄然地站在了那座古戏台上。他有许多的感慨，他要离开这地方了，他考取了省立甲种工业学校，他要去一个陌生而向往的地方开始新的生活，可他觉得他少年生活过的这个地方让他充满了留恋和回忆。

方志敏站在古戏台上，他仍然能听到那些嘈杂，他穿过秋风搅扰着的尘幕，似乎看见了那双眼睛，他永远记得张念诚眼里的那么一种眼神。

揭露了劣绅黄礼庆的阴谋，让蒙冤的黄镇中当场释放，方志敏和青年社的伙伴们都有摧枯拉朽的感觉。他们欣喜若狂。

可很快，他们就看到事情并不是他们想的那样。

张念诚就是那会说出那么一句话来的："总得选出个议员吧……"他说了这么一句话，他说得轻描淡写，可让人听来觉得掷地有声。

很快就有人付诸行动，是呀，黄礼庆不够议员资格，总有人够的，总得选出个人来。一些人嚷叫着，在那么种喧嚣声里很快完成了那场"选举"。没有刻意安排，也似乎并不是有所计划。总得选出个人来，有人喊了张念诚的名字，有人左盼右顾，有人看张念诚的脸，张念诚还是那么个样样，哪也不看，脸上浮一层笑影。

就这么，张念诚成了议员。

方志敏和他青年社的伙伴都愣住了，他们没想到事情竟然会是那样。他们以为到手的胜利，竟然像一缕青烟一样从手心上消失了，那个姓张的乡绅，竟然眉不动眼不眨就站在了凯旋门下。他成了议员，方志敏觉得一切像是做梦。

那一天，方志敏其实想先往烈桥走一遭的，他想在离开之前去看看那个葛望文。可后来他还是有些犹豫不决。

那个男人，在那一天似乎也感觉到一点什么，他觉得那个方姓后生在去省城之前一定会来烈桥的。张念诚穿着整洁的长衫。架上一副蛤蟆镜，那是省城一位朋友送给他的，说日头旺烈时戴上那种东西对眼睛有好处。那个秋日，没有太阳，满天的云霾，光亮柔和，张念诚刻意地将那副眼镜戴了起来。他往四下里看着，他觉得透过这副石头镜看到的世界确实不一样。重要的是，戴上这么一副眼镜，人们看他时也是另外一种样子。他从别人的眼光中看到了那一切。那些目光充满了崇敬或者说是敬畏。他喜欢别人这样的目光看着自己，他是省议员了，又是一方清儒豪绅，他觉得一切都很好，只是欠缺的是，他没有看到方志敏的那种目光，他想看到。他去了湖塘一趟。方家依然对他那么客气，方高翥说：正鹄他没去你那？张念诚说：没有。方高翥说：正鹄应该去朝爷那走一遭的。张念诚淡淡地笑了一下说：这没什么。

他在方家祠堂里坐了好一会儿，喝了一壶茶，突然决定回烈桥。

方高翥说："大纲老爷你不坐坐？正鹄很快就会回来。"

张念诚说："我得走了。"

张念诚就是在烈桥镇口的老樟树下见着方志敏的，巧合的是，那一年，方志敏怀揣着从父亲那偷来的三百枚铜钱来烈桥求学时，张念诚第一眼瞥见方志敏的地方，也恰是那株老樟树下。

他们那么站着，互相对视，清淡的树影拂在他们的面孔上有些捉摸不定，雾霾淡淡弥散在他们周身，将一切弄得飘渺而虚幻。

张念诚没有从方志敏的目光中看见他所期待的东西。透过那副蓝色镜片，张念诚看见的是一张说不上熟悉也说不上陌生的脸，但那张脸写满了难以捉摸的内容，像一本天书。尤其那目光，漫不经心地穿透虚飘黯淡的树影和那两叶精致的镜片，钢针一样戳在张念诚的眼眸上。他听到一种"喀吃喀吃"细碎的声响，有片刻他诧异地环顾四周，觅寻那声音的出处，很快，他明白那声音不是来自周边，也不是出自地下或者天空，那声音来自他的牙齿。他觉得很奇怪，他并没有挣动牙齿，这种时候也没有那种必要的咀嚼，齿缝间怎么会迸出那么一种声音？

　　张念诚有些莫名的惶然，他后悔赶回烈桥，一切都和他想象的相反，他倒没看见方志敏眼里的什么东西，反而让方志敏看到了自己眼里的一些灰屑，还有那种来自齿缝间的蹊跷的声音。

　　这一天，张念诚终于明白他并没有得到这些日子来自鸣得意的所谓胜利，那场选举也好，生意和权势上的顺风顺水也好，乡民们对自己谦卑的话语和敬畏的神色也好……这一切，此刻似乎变得轻飘得很，也并不标志着他的胜利。谁笑到最后谁笑得最好。他曾经觉得是这么回事，可问题在于，事情还远远没有完，谁会笑到最后呢？

　　张念诚把目光从方志敏的脸上移到了天空，天空一角两块云分移着，开裂出一道缝隙，呈现出白莹莹的一条，他对着那道浑白的长巾一样的云缝皱了一下眉头，再看刚才方志敏站立的地方，已经空空无人。他轻轻地叹了一口气，然后，莫名地摇了摇头。他往远处看去，看见方志敏正走上那道小坡，那个年轻人行走着的背影，让人看去就像走向那云开雾散的某个地方。